图说名人

《图说名人》编委会 编著

安徒生

世界童话之父

Antusheng
Shijie Tonghua Zhifu

南海出版公司

图书在版编目（CIP）数据

世界童话之父——安徒生／《图说名人》编委会编著． —— 海口：南海出版公司，2015.9（2022.3重印）
ISBN 978-7-5442-7938-3

Ⅰ．①世… Ⅱ．①图… Ⅲ．①安徒生，H.C.（1805~1875）－传记 Ⅳ．①K835.345.6

中国版本图书馆CIP数据核字（2015）第204795号

SHIJIE TONGHUA ZHIFU——ANTUSHENG
世界童话之父——安徒生

编　　著	《图说名人》编委会
责任编辑	张爱国　冰落
出版发行	南海出版公司　电话：（0898）66568511（出版）
	（0898）65350227（发行）
社　　址	海南省海口市海秀中路51号星华大厦五楼　邮编：570206
电子信箱	nhpublishing@163.com
经　　销	新华书店
印　　刷	永清县晔盛亚胶印有限公司
开　　本	787毫米×1092毫米　1/16
印　　张	7
字　　数	80千
版　　次	2015年12月第1版　2022年3月第2次印刷
书　　号	ISBN 978-7-5442-7938-3
定　　价	36.00元

南海版图书　版权所有　盗版必究

前言 TUSHUOMINGREN

在人类文学的殿堂里，有无数经典。它们历经岁月流逝、春秋辗转，却依旧散发着永恒的光辉，而它们背后的作者也因此而被世人所熟记，他们的故事更是代代相传，成为人类成长过程中历久弥新的教育典范。

安徒生，出生于19世纪的丹麦，贫困的童年并没有将他的一生定格为贫穷，勤奋好学的他将对生活的热爱，付诸笔端，一生当中创作出了无数经典。童话是他的世界，更是他留给世人的美丽王国，不论是《海的女儿》《冰雪女王》，还是《卖火柴的小女孩》《丑小鸭》《拇指姑娘》《红鞋》，都堪称经典，它们被翻译为150多种语言，发行遍布全球，影响了一代又一代人。

英国哲学家罗素曾说："历来有成就的人，不论伟人、凡人，无不受到前贤思想的影响。我们必须向上一代学习，必须掌握人类已经取得的优秀成果，必须借鉴他们的成功经验，这样才能少走弯路。"对现代青少年而言，安徒生就是前贤，就是站在人类面前的杰出大师。在青少年成长历程中，求知是最热切的希望，阅读是最快乐的体验，相信安徒生的童话作品一定会成为最有益的阅读选择。

让我们走近安徒生，跟随安徒生的步伐一起去了解这位童话大师，一起去文字里品味经典。

目录

奥登赛：天才发源地

安徒生又哭鼻子了 / 1
穷困而又快乐 / 4
讨人喜欢的孩子 / 10
没学上的滋味 / 14
他能读懂故事和诗 / 17
爸爸永远地走了 / 21
小安徒生的戏瘾 / 25
丁纳尔小姐 / 33

找戏剧皇后去 / 36
"皇家剧场在什么地方" / 40
第一个希望——莎尔夫人 / 43
一封家书 / 50
好事多磨 / 52
为了艺术 / 56
考林的关怀 / 61

崭露头角

拉丁文学校 / 67
《临终的孩子》/ 73

不同的声音 / 77

童话的源泉

德国走一遭 / 79

恶意的批评 / 82

第二次旅行 / 84

动人的故事——《即兴诗人》/ 92

夜空如同白昼 / 96

花儿还会跳舞吗 / 99

永恒的艺术 / 102

安徒生又哭鼻子了

奥登赛：天才发源地

奥登赛在丹麦中部，它是富恩岛的中心市镇。圣甘诺教堂耸立在山丘上，它高高的塔顶成了市镇的标志。在市镇的中心大街，有雕花铁门和宽阔台阶的宅邸，住着达官贵人。那里树木茂密，古色古香，显出阔绰气派。可是在市镇四周和郊外却排列着许多简陋破旧的房屋，住着织布工人、裁缝、泥水匠、短工和小贩。衣衫褴褛的孩子、面黄肌瘦的老人、乞丐和残疾人，走来走去，呻吟和叫

※丹麦美丽的乡村让人有身临童话世界一般的感觉

◇ 图说名人 ◇

名人名言

有了一些小成绩就不求上进，这完全不符合我的性格。攀登上一个阶梯，这固然很好，只要还有力气，那就意味着必须再继续前进一步。

——安徒生

骂声相互掺杂着传出来，呈现出一派悲惨景象。这是一个贫富悬殊的世界。

城郊的小河边，有座水磨坊，轮叶整日哗哗响，这地方叫寺院磨坊街，街上的一幢房子里分住着六户人家。其中一户人家只有一间房，它既是卧室，又是厨房兼工作间。但室内干干净净，旧地板擦得亮亮的，窗帘都浆洗过，墙壁上有彩色瓷盘作装饰，窗户上贴着精巧的剪纸。街坊邻居都交口称赞，他们的日子过得自得其乐。这里住着鞋匠安徒生一家。

他们住的是独门独户、非常简陋的房子，可是屋子里所有修理皮鞋用的工作台和床，都是爸爸亲手做的。那张床非常特别，是用去世已久的一个伯爵灵柩的木架做成的。所以，木板上还留着一层黑布。

1805年4月2日，安徒生就诞生在这张古怪的床上，当时他的父亲才23岁。

这一天，奥登赛阳光明媚，风和日丽。市民们身着节日盛装，拥向街头，大家载歌载舞纪念四年前那场著名的哥本哈根海战。鞋匠安徒生家人也异常高兴，那当然是儿子安徒生的降临。

安徒生生下来的时候，他的哭声十分洪亮，就连他的爸爸也吓了一大跳。不过，一会儿，他就很高兴地这样说：

"孩子到底为什么这样爱哭呢？你不想睡吗？好，我去拿本诗集来，念给你听，你要静静地听哟！"

爸爸一边笑着对小安徒生说着，一边真的拿了一本丹麦文学奠基人荷尔培尔的书来读给他听。

当然，刚刚出生的小安徒生是不懂得诗的，于是，他把小脑袋一歪，嘴巴竟然咧得更大了，哭声也更响亮。

"唉，你既然这么爱哭，我就叫你'好哭的安徒生'好了。"爸爸无可奈何地摇摇头。

躺在床上的妈妈，看看安徒生，听着丈夫对儿子说的话，禁不住笑出声来："唉，瞧这爷儿俩。"

从这外号我们可以知道，安徒生小的时候，有多么爱哭。不久，安徒生该接受洗礼了。"噢，亲爱的宝贝，你可千万别在牧师面前哭，牧师会不喜欢你的哟！"妈妈很不放心地对儿子说。

但是，当牧师给安徒生施行洗礼时，他还是"哇"的一声哭了起来。

牧师见状，很不高兴，大发

世界童话之父——安徒生

脾气。

安徒生那时的哭声,的确是相当大。

他的义父后来听说这件事,安慰他的妈妈:

"没关系,用不着担心。婴孩时代哭声大的,长大以后,唱起歌来一定很棒。"

妈妈就把这几句话,说给孩子爸爸听。爸爸听了就敲敲膝盖,很高兴地说道:

"我当时也这样想呢!这个小家伙,一定把我的长处全都继承了,他会是一个优秀的人呀!"

※ 安徒生故居

穷困而又快乐

安徒生父亲是个鞋匠,母亲是个洗衣妇,夫妻俩终日忙碌,可还是过不上富裕的生活。安徒生的诞生,给这个靠修鞋谋生的家庭带来了许多乐趣,也增添了许多希望。

爸爸虽然是一个补鞋匠,头脑却很聪明,而且还会写诗呢!

当他一念起故事或诗来,全身就会涌起一种愉悦的感觉。因此,安徒生身上,多少也有一点这方

※ 少年安徒生

世界童话之父——安徒生

面的才华。

安徒生的妈妈比爸爸大两三岁，但夫妻俩相处得很和睦。安徒生就这样很幸福地在相亲相爱的父母手里，被抚育长大。

安徒生的妈妈非常疼爱安徒生。妈妈总是省吃俭用，省下钱来给孩子做新衣服，这样一来，尽管安徒生是穷人家的孩子，可是如果不看他脚上穿的木鞋，还会以为他是谁家的小少爷呢！

一天，妈妈把安徒生放在膝上，说道：

"安徒生，你跟有钱人家的小少爷一样地舒服呢。我小的时候，那才苦呢，因为我的爸爸妈妈硬把我赶到街上去当叫花子。可是，我又不会向人家要钱，所以，我曾在奥登赛河桥下哭过一整天呢。"

妈妈淌着眼泪诉说往事。安徒生听着，也跟着哭了起来。

妈妈那时连饭都吃不上，更不用说看美丽的图画、读好看的书、做有趣的游戏了。她连进学校大门的机会都没有。妈妈虽然没有文化，但善良勤劳，什么苦都能吃，对安徒生也寄予很大的希望。

安徒生的爸爸整天坐在小凳子上辛勤地工作，在他的身边堆放着各种材料和工具。他的工作台上面挂着一个小书架，上面摆着他收集的书，有《阿拉伯故事集》、荷尔培尔的喜剧和丹麦文译本的莎士比亚剧本。

当安徒生长大一点以后，爸爸就会在吃过晚饭以后念书给他听。另外，有时候安徒生在外面受了欺侮张着嘴巴要哭的时候，他也会马上放下手里的工作，对儿子说："来，别哭，我来讲个故事吧。"

于是，遥远国家的国王啦，沙漠里的探宝人啦，奇异的名胜风光啦，从爸爸口中娓娓道出。每次，小安徒生用手托着下巴，睁大眼睛，静静地听着，显得那么入迷。

安徒生的祖父，本来是生活很优裕的农人，后来因为接连遇到家畜死亡、房屋遭火灾等灾祸，所以发疯了。

他的祖母在万般无奈的情形下，带着他祖父，搬到奥登赛镇上来。

那时候，安徒生的父亲还是一个少年，因为心灵手巧，就被送到皮鞋店去当学徒。

安徒生的爸爸小时候渴望上学念书。他乞求父母把他送到拉丁学校去学习，但家里实在太穷，实在负担不起这所学校的学费，于是父母让他到一所慈善学校念了点书，后来便叫他当了一名鞋匠，靠这门手艺来养活自己。

搬到奥登赛来以后，老祖母就用全部积蓄，买了一幢小房子，让安徒生和祖父两个人住在那里。她自己到一家慈善精神病院帮人家收拾庭院，以便得到工资养活家人。

安徒生祖母的外婆，是德意志大都市卡塞尔的一家贵族人家的小姐，因为和一个喜剧演员结婚，遭到家人的反对，才被迫从故乡逃了出来。这是老祖母讲给安徒生听的。

"安徒生，正因为这样，我们做子孙的都要吃苦，来替老祖宗赎罪。"老祖母常常对安徒生这样说。

没有正规地上过学，一直是安徒生父亲的一块心病。有一次，拉丁学校的一个小学生到他家来让他做一双新鞋子。

爸爸一看见拉丁学校的学生，就很热情地答应着说：

"好的，好的，快坐下，让我量量你的脚。"

这时，学生翻开了手里的教科书，等到把脚的尺寸量好以后，那学生开口了："老板，这是德意志大诗人歌德的文章，真了不起呢！"

接着，他们又谈论起英国大文豪莎士比亚来。这时，爸爸的眼睛更加闪闪发光，而且，深深地被那本教科书给吸引住了。

安徒生无意中看了爸爸一眼，奇怪地发现爸爸眼里噙着泪水。等那个小学生走后，爸爸对安徒生说：

"孩子，你听着，等你长大了，一定要拼命地念书！我可是没有这个机会了。你就沿着这条路向前奔吧！"

这天晚上，爸爸一直闷闷不乐，一句话也没说。

不过，叫安徒生高兴的是，爸爸来了兴致的时候，便把他带到野外的树林里去。那儿遍地长着雪白的白头翁，蝴蝶跳舞，蜜蜂歌唱，安徒生叫着笑着，是那么的快活。爸爸看见了长腿的鹳鸟，就讲开了，说鹳鸟是从老远的埃及来的，那儿有高大的金字塔，有炎热的太阳，鹳鸟要到埃及去过冬，穿过大洋大海，所以鹳鸟会说埃及话。

"干吗到埃及那么远的地方去过冬呢？就在咱们这儿过好了，我给它们做窝，给它们弄吃的，就在咱们家的顶楼上面！"

听了儿子稚气又认真的话，鞋匠笑了："那你要学会讲埃及话，不然怎么邀请它们来呢？"

然而，更多的时间，他只是坐在那儿，仰望天空，沉思不语，让儿子自由自在地四处玩耍。

世界童话之父——**安徒生**

安徒生在那里总是一会儿把杨梅串在一根根苇草上，一会儿用采集的野花编织成一个个花环。有时，儿子的兴高采烈感染了鞋匠，鞋匠就站起来跟儿子一起奔跑玩耍。

有时候，他带着安徒生不知不觉走得太远了，安徒生年纪太小，走不动了，鞋匠就让小儿子像骑马一样骑在脖子上，这样骑着他走路。

每年的复活节期间和五月初，田野和林间一片新绿。安徒生的母亲也高高兴兴地穿上她那平时舍不得穿的印花布长衫，跟丈夫一起陪儿子去玩。这件印花布长衫，是她唯一的一件节日盛装，她只在参加圣诞仪式或重大节日才穿它。

"走吧，安徒生，今天要玩个痛快，多捡些小树枝回来玩。"

妈妈就带着安徒生，东跑西跳地玩个痛快，留下独自想心事的爸爸。

他们捡了好些碧绿的山毛榉树嫩枝和一些别的花草，带回家来。妈妈把山毛榉树的嫩枝插在壁炉后面，其他的花都插在屋顶的梁木上，弄得屋里好看极了。

"你看，安徒生，这条嫩枝，竟有这么长。"

妈妈望着一条嫩枝，高兴地对

※从这扇门里走出了伟大的童话作家安徒生

安徒生这样说。

妈妈喜欢把插在梁木上的花枝，先定好号数，然后，按照花枝的长短，占卜大家的命运。而每一次，妈妈的花枝，长得可以活到100岁。

对这种占卜，安徒生也很感兴趣。

这一天，安徒生独自一个人，在那开满了红的、黄的、紫的、彩虹般的玫瑰花坛中，默默地、仔细地看着那些在花叶中穿梭的蜜蜂。

"安徒生，你出来看看，很好玩呀！有一个样子很古怪的妖精，就要从山毛榉的树林里经过呢。"

7

他听到了红鼻子波尼在街道的转角处叫他的声音。

波尼是这街上最顽皮的孩子。他虽然常捉弄安徒生,可是,今天他的声音听起来好像很友善,因此,安徒生就很高兴地跑到街上去。

没多久,波尼停下脚步大声嚷着:

"快来看呀!妖怪出现了。"

安徒生一听,又害怕、又兴奋,急忙从那长得很密的山毛榉树叶缝隙间,睁大眼睛看着。

果真有一个上身穿着军服的人,手里提着一只大大的篮子,迈着狂舞般的脚步,从树林里走了出来。一阵哄笑声,从安徒生后面传过来。

"原来是这么一回事!"这时候,安徒生才明白大家是在捉弄他。安徒生感到很难过,不禁掉下泪来。原来,那个手里提着一只大篮子的"妖怪",就是安徒生的祖父!

祖父患了疯癫病,常常穿起稀奇古怪的服装,在镇上到处乱跑。被人家认为是"妖怪",那当然是不足为奇的。

不过,幸好他祖父并没有做出什么凶暴的举动来。他一有空,就用木头雕刻些兽头人身的怪人和长着翅膀的小兽,放在那只大篮子里带到郊外,和农家主妇交换些火腿或面粉等食物。

今天,他一定又要到郊外农人家去做买卖了。

波尼这些邻居的笑声,让安徒生心头感到一种说不出的难受。他想,祖父的疯癫症,一定会遗传到自己身上,所以很难过。

他一跑回家里,一声不吭,也不看一眼父母,便爬上梯子,蹲在屋顶的玫瑰花坛下,放声大哭起来。

从他眼眶里涌出来的泪水,犹如雨下!透过泪眼望去,那些玫瑰花的颜色,真像七色的彩虹。

"安徒生,什么人又欺侮你了?"

妈妈看他有些反常,慌慌张张地走到他的身边来:

"孩子!不要哭!爸爸说,他还要继续把昨晚的《天方夜谭》讲给你听呢!"

说着,就把安徒生抱到了楼下,走到爸爸修理皮鞋的地方去。

爸爸把腿上的皮屑掸掉后,说道:

"安徒生,跟妈妈两个一起在那里坐好,今天,我要讲《翔空的木马》给你听。"

爸爸边说边从排列在工作台后

世界童话之父——安徒生

面架子上那些五颜六色的书中,抽了一册出来,开始讲故事:

"从前,在一个住着黑金王子和百合公主两兄妹的王城里,来了一个老太太,这个老太太带来一匹会飞到天空的木马……"

这实在是一个非常好听的故事。安徒生听得入了迷,就把他所受的委屈全都忘掉了。

时间飞逝,安徒生也一天一天地长大。

小安徒生最常去玩的地方是他家房后的一片场地,他管那儿叫作"我家的花园"。虽然那儿只有一些篱笆和几株醋栗树,可是他把妈妈的一条围裙拉开,他坐在这"帐篷"里倾听鸟儿悦耳的歌唱,凝视太阳照射下的树叶和天上慢悠悠飘浮着的美丽云彩,可以坐上好长的时间。不论天晴还是下雨,安徒生总是坐在他搭的那个布棚底下,一坐就是一整天。那座水磨坊现在还保存在原地,去安徒生故乡参观的游客,总要去亲眼看一看这个曾经给安徒生幼小心灵留下深刻印象的地方。

为了排遣内心的孤独,小安徒生到处找小伙伴们玩耍。但是,一些富人家的孩子一看到他,就对他讥笑谩骂,说他是"贱人的崽子",并时常追打他。瘦小的安徒生无力与他们抗衡,只得整天躲在家中。父亲看到这种境况,心情十分难过。为了抚慰儿子,他有时不得不放下活亲自陪小安徒生玩,并时常给他讲些童话故事。故事中那些活泼可爱的人物、迷人的情节,启发了安徒生的想象力,陶冶了他幼小的心灵。

父亲陪安徒生玩的时间毕竟是有限的。为了不使安徒生过于寂寞,父亲给他做了一些木偶玩具。父亲的手很巧,那些木偶玩具做得非常精细,简直是活灵活现,仿佛个个都有生命一般,令安徒生爱不释手。从此,安徒生就和木偶们结下了不解之缘,不仅白天跟它们一起玩,就是晚上睡觉时,也把它们摆在自己的床头。

看见这些可爱的木偶,安徒生就如同看见自己最亲密的伙伴们一样。每次与它们玩耍时,他就把它们装扮成各种各样的人物,有英俊的王子、美丽的公主、有钱的绅士、穷苦的农夫、善良的修女,还有恐怖的巫师等等,然后根据自己的想象编剧和导演出一幕一幕的木偶戏。为了使自己编排的故事更真实,更生动,他还特意请父母亲作他的"艺术顾问"。一家人过得其乐陶陶。

讨人喜欢的孩子

1808年，安徒生四岁的时候，盟国西班牙的军队，在菲英岛上驻扎着。于是，奥登赛镇的街道，就成了那些褐色脸孔的外国士兵玩乐的地方。他们总是有说有笑地到处走动。

在街上，安徒生见一个西班牙士兵解开外衣纽扣，拿出一个小十字架上的圣像，虔诚地吻了吻。幼小的安徒生第一次看见外国人，也从来没有看见过这种事情，感到很奇怪。他走到那个士兵跟前，问他干吗吻那个小东西。

※丹麦著名的哈姆莱特城堡

世界童话之父——安徒生

那个士兵伸手把他抱了起来："孩子，你真可爱！"说着就在安徒生的脸上亲了一下，还把安徒生放在胸前，把他的小嘴唇摁到圣像上去。

安徒生吓得不住地扭动身体，想要从那士兵怀里挣脱下来。可是，那士兵的力气很大，安徒生挣脱不开，只好由他摆布。这一幕，刚好被安徒生的妈妈看到了，就大发脾气：

"安徒生，那是天主教徒干的事啊！"

丹麦自从14世纪实行宗教改革以后，就信奉新教，新教和天主教的信仰，是有冲突的，所以，难怪妈妈不高兴。

不过，在安徒生看来，这也算不了什么。对于这个让他和圣像接吻，而且还淌下眼泪来的士兵，安徒生一直非常怀念。

这事儿在安徒生心灵上打下了深深的烙印，好多年以后他想起这件事，还专门写了一首题为《士兵》的小诗。

一年秋天，安徒生跟妈妈和邻居们到麦田里去拾麦穗，没想到，竟然被一个凶狠的管理员抓住了。

那个管理员满脸凶相，一面不停地挥舞着手里的皮鞭子，一面拼命地追过来。

大家一看到那管理员，就吓得拼命地逃。安徒生慌着跟大家一起跑，没瞧见地上有麦秆，所以被麦秆绊倒在地上，连脚上的木鞋子也掉了。

安徒生急得就要哭出来。他来不及去捡那掉下来的木鞋子，光着脚就逃。他的脚被麦秆扎得痛极了。

正当他摇摇晃晃快要倒下去的时候，那个管理员追上来了，伸手一抓就把安徒生抓牢，举起手里的皮鞭，就要打下去——

"喂，小鬼，我要揍死你！"

安徒生被抓住了，当时就吓得脸孔发青。

可是，不一会儿，他镇静下来，抬起头来正视那人的眼睛，不慌不忙地说道：

"老爹，你要打，就打吧。你这样凶暴，上帝会看到的。"

这是一个虔诚信仰上帝的孩子纯洁而坦白的表现。那个管理员一听，没料到一个小孩子居然会说出这番话。态度立刻软下来：

"你真是一个聪明的孩子！我不打你了！而且，我还要把这几个钱送给你，田里那些落下来的麦穗，你尽管捡回去好了。"

安徒生高兴地把钱放进口袋里，接着又去捡了许多麦穗才回去。到家时，妈妈很着急，差点就准备出门去找他了。后来一听说安徒生的遭遇，又很高兴。

后来妈妈对邻居说：

"真的，安徒生这孩子，实在有人缘。不管是谁，一看到他就会喜欢他，连那个坏蛋，也拿钱给他呢。"

除了在家里玩之外，安徒生还经常到老祖母做工的精神病院去玩，那时他也会感到无比的快乐。

他总是趴在老祖母堆起来要

※ 安徒生故居一角

世界童话之父——安徒生

焚烧的落叶或杂草旁边，玩得十分高兴。医院里既有可以做花串的鲜花，还可以吃到很多好的东西，安徒生当然乐意去。

在医院里，他常悄悄地跟在那些正在散步的精神病人背后，听着那些莫名其妙的疯话。

有一次，他在走廊上走动，听见有人唱歌，于是沿路寻找，走到一间病房前，从门缝儿偷看病房里的情景。只看见正中央一张铺着草的床上，躺着一个头发披在肩上的女人，有板有眼地唱着歌，很投入地唱，原来歌声是从这间屋传出来的呀！

安徒生像是被吸引住了似的，屏住气息，凝视着那唱歌的女人。想不到那女人突然跳起身来，直冲向安徒生偷看的房门边。

"哎呀！"

当那女人站在安徒生面前时，安徒生吓了一大跳，但已来不及逃走。那女人从一个送饭的小窗口，伸出她那骨瘦如柴的手臂来，一把抓住了安徒生！

"不好了！我……"

安徒生像被鬼抓住了一样，大叫一声，就晕倒了。

当医院里的监护人跑过来时，安徒生已吓得半死了！老祖母听到这个消息，吓得赶紧放下手中的活儿，跑过来，一把把安徒生抱在怀中。

"当时的那一幕情景和我所受的惊吓，尽管到了现在这个年纪，还没有从我的心头抹掉呢！"

后来，安徒生还常常这样说。

没学上的滋味

安徒生五岁了，到了该上学的年龄。妈妈把他送到一所非正规的小学校。

办这所学校的女教师是他们的邻居。妈妈把儿子带到这位女教师那儿，请她收下这个孩子。

"他是个好孩子，很听话。"妈妈说，"你可千万不能打他。要是打了他，他就再不到你这儿来了。"

女教师答应了。安徒生跟她学字母、拼音，学所谓的"正确拼读"。安徒生守规矩、有礼貌，学习用功。头几个星期，女教师对他很友好。

这所学校的学生大多是女孩子。女教师常常坐在靠近挂钟的一张高背扶手椅上。这女教师年纪很大了，她经常把一根大棒带在身边作为教鞭。

这一天，安徒生坐在沉闷的教室里听着震耳的嗡嗡拼读声，有些心不在焉。他思想开始开小差了，他想，这个老太婆像谁呢？哦，活像一条戴包头帽的鳕鱼。他的这种想法，女教师本来不知道。不幸的

※时至今日，丹麦人对充满情趣的漫画仍然十分钟爱

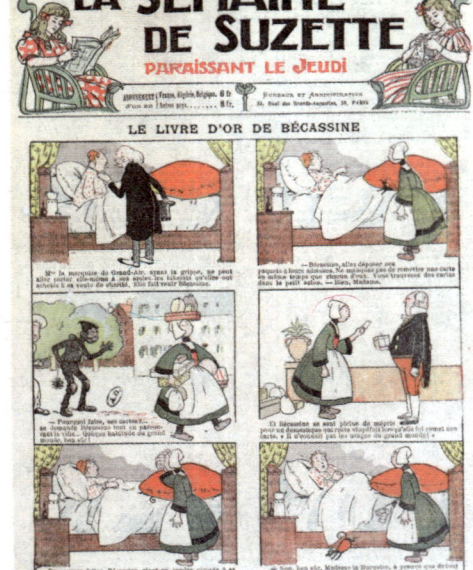

世界童话之父——**安徒生**

是，一不留神，他就打起瞌睡来了。女教师眼尖，一下就发现了走神的安徒生，便一棒子打过去，边打还边说着："像你这样不认真学习的孩子，长大了是没有出息的！"小安徒生的自尊心一下被刺伤了。他站起身，涨红着脸，眼里噙着泪，冲出了教室。

"妈妈，"他委屈的泪珠儿大颗大颗往下掉，"老师打我，我再也不去她那儿了！"果然，安徒生再也没有去学校。

后来，妈妈又把他送到了专门为男孩子办的学校去读书了。

学校老师是一位令人尊敬的年轻教师，叫卡尔斯登。他长着一双深棕色的会说话的眼睛，讲课的时候，常带着微笑。

安徒生是学生中年纪最小的一个。

※ 如画的田园风光让安徒生展开了想象的翅膀

"你们安静点儿，淘气鬼，别把这小家伙撞倒了！"

奇怪的是这所学校有一个女生，是唯一的一个女生，名叫萨拉·海曼，她学习很好，算术尤其好。她的理想是到某大庄园当个挤牛奶的女工。她母亲告诉她，当挤牛奶的女工最需要算术好，所以她在这方面特别下功夫。安徒生把她看作儿童中的美人儿。

"当我成为贵族时，你到我的城堡里当挤牛奶的女工，好吗？"有一天，安徒生这样对她说。

"你不过是一个穷小子，还想有你的城堡呢！"她善意地笑话安徒生说。

"你看，这就是我的城堡！"他用一张纸画一个城堡，管它叫"我的城堡"。并且说，他的祖先是贵族，家道是后来才破落的。这女孩子比他年龄大，当然不相信他的话。

"等我长大了，把你接到城堡里去！"安徒生越说越兴奋。

"我看你跟你祖父一样，又傻又疯！"海曼有点生气他说大话。

他一气之下，不理她了。不久，海曼离开了学校，安徒生却又时常想起她。于是他便幻想自己在一次大火中救了海曼，她因此很内疚。后来，海曼成了公爵小姐，他也变成了英俊骑士，他们一起去了遥远的地方。这些想象使安徒生感到心满意足。

然而不幸的事发生了，快乐的学校生活刚刚开始，卡尔斯登老师由于经济紧张，不得不关闭学校，另谋生路了。对穷孩子而言，这自然是天大的不幸，安徒生上不起学费昂贵的贵族学校，只好辍学。后来，卡尔斯登给参观者当向导时，曾愉快地向他们说："哎，你们也许不会相信，我这么个微不足道的老头子，竟然当过我们最著名的作家安徒生的启蒙老师呢！"

告别了可敬的老师，告别了亲切的伙伴，没学上的滋味对于安徒生而言多难忍受啊！转眼，寒冷的冬天来临了，窗上结出厚厚的冰花，冷风呜呜地吹进屋子。安徒生穿着单薄的衣服，蜷缩在床上。他看着窗外穿着厚厚棉衣、在雪中尽情游戏的孩子们，盼着春天的到来。

世界童话之父——安徒生

他能读懂故事和诗

上了学的安徒生认识了不少字，会自己看书了。父亲书架上的那些书，他常拿来读。他不仅读荷尔培尔的剧本，读《阿拉伯故事集》，读各种各样的童话故事，有时还拿起解剖图谱看看，边看图边看文字。

有一次，他在济贫院帮助祖母清扫院子里的落叶。休息时，祖母带他到仆人食堂里吃饭。这儿的仆人都喜欢这个文静的孩子。

有一天，他走到一间纺纱车间里，那儿有20个

※小木屋、水车——童话故事里重要的角色

17

花白头发的老太太正在纺线。她们见安徒生来了,便想考考他说:"小安徒生,我们身体里都有些什么东西呢?"安徒生说:"我画图给你们看吧!"于是他拿了支粉笔在墙上画了些画,画的是他在解剖图谱上看到的人体器官。当然,只是大略地画出来。然后,他逐一地向她们解释,哪儿是人的心脏,心脏是怎样跳动的;哪儿是人的肺腑,肺是怎样呼吸的;哪儿是人的胃,胃是怎样消化食物的。他讲得认真极了。

那些老太太们,个个听得瞠目结舌。想不到这么一个几岁的娃娃居然懂得这么多。

"啊,安徒生真是太聪明了,来,为了奖励你,现在奶奶也给你讲个故事吧。"

于是,那些老太太们就把从前的传说,一样一样地讲给他听。

安徒生记得一位老太太讲的"钟渊"的故事:好多年以前,教堂的塔上掉下来的一口大钟,被一阵大风吹到河里去了。河里住着水神爷爷,总喜欢把人骗到水底去。城里要是有人死了,你会听到从那儿传来悠悠的钟声。这个地方就叫"钟渊"。

老奶奶看见安徒生睁大眼睛,静静地听着,大气也不敢出,唯恐漏掉一句话,她的兴致更高了,脸上浮起神秘的表情,细声细气地说:

"安徒生,你还记得吗?城里广场角落有一幢老房子。从前呐,巴尔盖老爷就住在那儿。老爷可有钱喽,连国王也向他借钱哩。他做大买卖,他的船队出海,总是满载着货物和金币回来。有一回,巴尔盖老爷发脾气,拿鞭子狠狠抽一个可怜的丫头,当时,门外就来了一个女人,头上裹着大头巾,她自称是丫头的妈妈,但那丫头却不认识她。她不说话,只

※也许安徒生的故事就来源于这样的草原小屋

世界童话之父——安徒生

给老爷端上一杯水来,水上漂着几个榛子壳。然后说:'老爷,你看着,这就是你的船队的命运。'说完,她呼地向杯子吹一口气,水里的榛子壳全翻了过来。说完这话,她就转身走了。老爷没把这事放在心上,过了一个月,老爷的水手狼狈地跑回来,向他报告说:'您的船队返航时忽然海上起了一阵大风暴,船全被吹翻了,连同货物沉到海底去了……'"

就是这些神奇的故事伴随着安徒生长大。

安徒生的祖母每天都来看他一次。一进屋第一句话就说:"我的小孙子今天好吗?"

安徒生总是高兴地扑过去,坐在奶奶膝盖上,聚精会神地听她讲那些女巫、妖怪、天使的有趣故事。

这些故事,又使安徒生的幻想世界更加丰富多彩。

安徒生八岁了,个子很高,比同龄儿童几乎高出一头。修长的腿,消瘦的身子,长长的脖子,一头黄头发。长形的脸上长着一只大鼻子,一双小小的绿眼睛"小得像

两颗绿豌豆"，总而言之，他的相貌不好看。街上的孩子们经常取笑他，欺负他，不把他看成朋友。就像他后来写的童话《丑小鸭》中的那只丑小鸭不被同一窝孵出来的小鸭子看作同类、受它们欺负一样。不过，他总有事情可做，没有事情也能想出些事儿来做。他的精力比别的小朋友充沛，想象力也比别的小朋友丰富。

安徒生读了父亲藏书中的一些诗歌，很有感触。他拿起笔来，写了一首诗，念给母亲听。

"写得好，我的儿子八岁就能写诗了，真了不起。"母亲这样表扬他。

受到母亲的鼓励，他决心要写好多诗，还要写剧本、写故事、写小说。他用父亲的空白记账本，写下了他的计划，草草地记下了一连串的目录。

安徒生虽然不太和别的孩子玩，但是他也有要好的朋友呢。

"安徒生，这是今天的节目表。"

他的好朋友，常常把演戏的节目单拿给他看。原来，这个孩子，是专替剧场散发节目单的，所以，每次总会送一张给安徒生。

这时候的安徒生，已经迷上戏剧了。在他的脑海里，每天都有精彩的戏在上演呢！

他把妈妈的裙子挂在竿子上作幕布，举着木偶（戴着金色皇冠的国王和王后啦，贵族老爷和他的仆人啦，也有穷人和杂技中的小丑），把他们该说的台词大声叫出来。戏一幕一幕地演，这个集编、导、演于一身的孩子，在他自己制造的情节和气氛里完全沉醉了。

虽然这只是安徒生自己的舞台，可也非常好看、非常有趣。

"爸爸，我告诉您，今天的戏有一幕，是一个美丽的女王要她的王子骑马逃出城外，不过，如果配上秋天的布景，我认为还不如春天的好咧。"

安徒生这样说，爸爸也就一面修补皮鞋，一面随声附和道：

"有道理！"

这就是安徒生在不知不觉间创作出来的最初的艺术作品吧！

爸爸常常这样惊异地称赞他：

"我看，安徒生这孩子，将来一定是个了不起的人物！安徒生，你现在已经能够自己读懂那些故事和诗了，真是太好了。"

家里的日子过得越来越拮据。爸爸因崇拜拿破仑，走出家门，当兵去了。

世界童话之父——**安徒生**

爸爸永远地走了

1815年,战争结束,父亲总算活着回来了。见到朝思暮想的父亲,孩子却认不出来了。

这一天,小安徒生正在家里玩,一个风尘仆仆的士兵走进屋来,他向孩子凝视好一会儿,用疲惫不堪的沙哑嗓音低声说:"唔,小家伙,长得这么高了!"

这是爸爸!可是小安徒生一时认不出来,站在那里张口结舌。

幸运的是战争总算没有把爸爸扔到异国的土地上。不过,在那些当兵的日子里,他也没少受罪。什么脏活累活他都干过。挨冻受饿,折磨人的夜行军,什么滋味都尝过。立功当军官的美梦破灭了,最糟糕的是,战争摧毁了爸爸的身体。母亲为了给父亲治病,到处求医问药,希望父亲能转危为安。安徒生也天天为父亲能早日病愈而祈祷,希望有一天父亲能像从前那样和他在一起玩木偶戏。

看似一切又回复到了原来的样子。可是,在爸爸的脑子里,总是萦绕着打败仗的阴影。

因为在战场上爸爸没有成为英雄,所

※ 经常出现在童话中的女巫形象

以回来后总是无精打采的样子，他的失落之情简直无法用言语形容。

只有一件事情让爸爸高兴——那就是安徒生在玩纸人戏的时候，会用正确的德语发音。

这是怎么回事呢？原来，他爸爸出征回来以后，说话时常用德语发音，安徒生也就学会了。

"安徒生，你的德语发音很正确哩。我这一次出征，除了安徒生以外，没人得到好处。可是，安徒生，将来你能不能到德意志去走走呢？你是我的儿子，我希望你无论怎样困难，至少德意志和法国这两个地方，你都必须想办法去看看才行！"

只有在这个时候，小安徒生才能在爸爸脸上看到难得一见的笑容。

"我一定会去的！"安徒生这样回答。

"不错，这孩子有志气！有志气！"

爸爸满脸笑容称赞道。安徒生已经好久没有看到爸爸脸上的笑容了。

可是，在旁边听着的妈妈却极力反对，说：

"在我眼睛闭上以前，我决不会让安徒生离开我。"

尽管有这样的小纠纷，这个家庭，从外表看起来，平静无事。爸爸仍旧做他的老本行，有了空闲，就做些纸人给安徒生玩。但爸爸的身体一直也没有恢复。

寒冷的冬天又来了，一天清早，爸爸突然从凳子上一跃而起，光着脚站在屋子中央大喊："前进！前进！"右胳膊高高地举着，一动也不动。妈妈惊慌地抱住他，把他扶到床上。

过了一天，爸爸突然把一只要缝的皮鞋往地上一丢，接着，把那把皮匠用的刀子高高举起，喊起口令来：

"听我的命令：现在，拿破仑皇帝已经下令，要我们马上出兵攻击！我们的部队要攻破荷斯丁，向德意志国内进军！"

这举动把妈妈吓了一大跳：

"安徒生，安徒生，赶快来呀！"

听到妈妈的叫声，安徒生吓得急忙跑过来。

这时，爸爸已经跑到门外去了。

看他的举动和平时不一样，安徒生和妈妈吓得慌作一团。

"安徒生，你愣在这里有什么用，赶快到那个会算命的老太太家里去，叫她卜个卦，我要想法子把你爸爸弄回家休息……"妈妈的话

世界童话之父——安徒生

来不及说完,就踉跄着脚步,追爸爸去了。

安徒生这才发觉事态严重,拼命跑到那个会算命的老太太家里去。安徒生跑得上气不接下气,好不容易把事情说明白,那老太太听完马上就拿出一根毛线来,量了量安徒生的手腕,念了一阵莫名其妙的咒语,最后,又拿了一根碧绿的小树枝,放在安徒生胸口上说道:"这树枝和耶稣背的十字架的木头是同一种树木呢!"

接着,又闭起眼睛说:

"好了,你就沿着河边走回去吧,要是途中碰上你父亲的灵魂,就是你父亲已死的讣告!"安徒生听了,觉得阴森森的,很害怕。

他拼命地沿着河边一路跑回家。还好,这一路并没有碰到他爸爸的灵魂。好不容易,总算到家了!安徒生这时才放下一颗悬着的心,立刻跑进房里。

爸爸已躺在床上了,脸色一片青白,正沉沉睡去。五分钟过去了,十分钟过去了。突然,爸爸眼睛亮亮的,紧紧地盯着窗上厚厚的

※童话场景中的仙女

23

冰花，眼珠一动也不动……

好半天妈妈才反应过来，叹了口气，对安徒生说："安徒生再也没有爸爸了，因为白冰公主已经把爸爸接去了。"

说到白冰公主，那是去年冬天的事情了。

那一天，天气特别冷，屋子里的玻璃窗上都结满了冰。爸爸在一个玻璃窗上发现好似一个伸展着双臂的少女的结晶冰片，就对安徒生和妈妈说：

"明年，这个白冰公主一定会来把我接去的！"

这当然是爸爸开的一个玩笑。可如今，却变成了事实。望着躺在床上，好像在熟睡中的爸爸的遗容，妈妈和安徒生两人都不禁回想起这件往事。

爸爸就这样永远地离开了他们。当时他才33岁。这个一直渴望读书、学拉丁文的鞋匠，躺在稻草板的棺木里，被埋在圣甘诺教堂穷人的墓地上。悲痛至极的老祖母在墓边种了一丛玫瑰花。

这下子，安徒生更寂寞了！妈妈每天要出去替人洗衣服。他只好独自玩纸人戏，看戏院的节目单。可是，爸爸的身影，总是不断地在他的脑海里盘旋，引起他无限的悲伤。他不明白，妈妈辛辛苦苦地洗衣、挣钱、养家，有什么过错？富人们为什么不劳动，还能吃饱穿暖？还能蛮不讲理地辱骂穷人？

心里非常委屈的小安徒生为了不给妈妈添烦恼，不把这些心事说给妈妈听，只留在心里。这样一来，他更加思念爸爸了。

安徒生慢慢地长大了，越来越感到了读书认字的重要性，便央求母亲把他送到学校读书。母亲虽然知道那些学校都是为富人家孩子开办的，但她还是带着侥幸心理带着安徒生来到了一所教会学校。校长看到安徒生身体瘦弱，衣着破旧，便不愿接受他。在母亲的苦苦哀求下，校长总算是发了善心，答应留下安徒生。但是，这样的学校根本不教文化课，而是天天向学生们传经授道。安徒生对此毫无兴趣，感到十分无聊。而且，学校里上至校长下至同学都歧视和嘲弄他，于是一气之下他又回了家。

"安徒生，老是这样闷在家里想念爸爸，会弄坏身体的，到我们家里来玩吧。"一天，附近的文凯佛洛德太太，请安徒生到她家里玩。

文凯佛洛德太太是一位牧师的遗孀，她现在和牧师的妹妹住在一起。

世界童话之父——**安徒生**

小安徒生的戏瘾

安徒生向来不怎么爱到别人家里去玩。不过，这鞋匠的去世给本来就穷的家庭增添了负担，而且，从此家里就更难维持生活了，日子更不好过了。妈妈不得不日夜不停地给富人家洗衣服。

安徒生也像长大了许多，经常帮妈妈到河边去洗衣服，妈妈在河边的大石头上洗，小安徒生就在岸边晾晒，母子二人就靠洗衣服来维持生计。

洗衣服的活，天暖的时候还好过，可是到了秋天，当天上刮起第一阵冷风，下过第一场秋雨之后，情况就不同了：岸边的树林把片片黄叶送给河水，青蛙王子停止了吟唱，鹳鸟离开巢窝，飞到温暖的国度。河水变得无比寒冷，像有无数把小刀，剜割着洗衣妇的手脚。为了祛寒，洗衣妇们常常喝一小口酒，再接着干活儿。

有一次，安徒生拿着小酒瓶，从一个牧师家门前走过，牧师太太竟对着他大骂："下贱胚子，这么小就买酒，来日也是个酒徒、废物、废物！"一些有钱人也窃窃私语：鞋匠的老婆是酒鬼、贱骨头，有钱就喝酒，是个十足的废物。以至小安徒生每次为妈妈买酒时，都绕过牧师家，但他却答应去看文凯佛洛德太太。文凯佛洛德太太一家人对他很亲热，简直把他看作自己家人一样。

她家有莎士比亚戏剧的全部丹麦文译本，也

※ 安徒生童话世界的老人

有许多诗集，牧师的妹妹很崇拜哥哥，张口就是"我的诗人哥哥"。

"安徒生，我那诗人哥哥时常傻里傻气地抬头呆望着天空，不过等他拿起笔来的时候，就会写出一首很好的诗来呢。"牧师的妹妹把牧师生前的情形，说给安徒生听。

文凯佛洛德牧师在当时丹麦的文坛上，是一个颇有名气的诗人，他写的一首叫作《纺纱歌》的诗，到现在还很出名。

安徒生虽然已从父亲那里听过不少荷尔贝爵写的喜剧，可是，韵文和诗歌，却是第一次听到。

牧师家的书架上，放满了烫金的精装书，看起来是安徒生父亲所有藏书的几百倍。那套《莎士比亚全集》尤其引人注目，他借来阅读。这是安徒生第一次读莎士比亚大师的戏剧，也是第一次体验到做一个"诗人"是多么地神圣崇高！剧本里奔放的描写，壮烈的情

世界童话之父——安徒生

节,美女和鬼魂都正合他的口味。因为,莎士比亚的笔调,竟是那么生动。

安徒生一回到家,就把这些戏剧改成纸人戏,自己编演。他发现这些戏,演起来比以前所演的那些戏,更加生动、更加有趣。

有时,他把妈妈的围裙披在身上做斗篷,扮演李尔王,大声朗诵那长段独白,洪亮的声音震动着房间的墙壁,惹得邻居们吃惊不已。小安徒生戏瘾越来越大,因此,他脑筋一动,就想要自己写戏剧。于是,他动笔了,他写一对青年恋人相爱,后来因为误会双双自杀。他认为剧里的人物都死了才叫"悲剧",所以他编进戏剧的人物、男女主人公还有一位隐士和他的儿子,全都死了。

安徒生编的这个剧本,取材于丹麦的古老传说《必朗斯和铁斯培的歌》。写好以后,安徒生很高兴,就在花坛下高声朗诵起来。这时,邻居的窗户推开了,隔壁一位老妈妈探出头来问道:

"安徒生,那到底是什么戏?"

"叫作《亚坡尔与爱尔碧拉》,是我写的。"

老妈妈听了捧着肚子笑起来:

"难怪我听起来觉得一点意思也没有。这出戏还是给它一个《鲁鱼和紫鱼》的名字比较合适。"

安徒生听了,很失望,垂头丧气地坐在院中。

"到底是哪里不对?为什么会没有意思呢?"这样想着,他拿着剧本跑下楼,到妈妈的身边去:

"妈妈,有人说我写的这个剧本没有意思呢!你觉得呢?"

妈妈和颜悦色地鼓励他:

"那是隔壁的老妈妈跟你开玩笑哩!安徒生写出来的戏剧,哪会有不好的道理?"

妈妈这样说,才稍微消除了安徒生心头的不愉快。他怀着满肚子的心事,跑到文凯佛洛德太太家里去,要把这个剧本读给她听。

文凯佛洛德太太听完安徒生的朗诵,非常惊异和佩服地说:

"安徒生,你已经会写这样的剧本了?真不错!"

安徒生听了这几句话,感到很安慰。受到这番鼓励的安徒生,一回到家里,马上又写起第二个剧本来。在这个剧本中,他打算要有国王和王后登场。他又读了些莎士比亚的作品。结果,却遇到一个难题,原来,他所写的国王和王后的对话,和普通人说的话没有两样。

安徒生觉得这样说话,不像国王和王后,他们一定有另外的说话方式。这样一想，他就去向镇上的人打听。可是，谁也没见过国王、王后，谁也不知道。

有人说："很久以前国王曾经搬到奥登赛来住，所以，说不定那时候国王所讲的，还是外国语哩。"

安徒生听了，一时被难住了。可是，过了一会儿，他又说："嗯，只要用这个法子就行！"他想出一个很有意思的方法来。后来，他在街上买了一本用丹麦语解释的英语、德语和法语的字典。他就利用这本字典，从三种外国语中，各找出一个句子来，放在国王和王后讲的话里。例如：

"古丁、模尔格（德语）、蒙、培龙（法语）、斯灵毕（英语）——早安，爸爸昨晚睡得可舒服？"

把几种外国话放在一起，掺杂着写。这样写，听起来觉得好像很逼真。

"这个方法实在高明！"安徒生认为这个主意真好，他很佩服自己的才华。

他赶紧把剧本写好。写好后，自己朗诵了一遍，听来很像贵族讲的话，而且，措辞也很不错。

安徒生欢天喜地地拿着这写好的剧本，匆匆忙忙跑到文凯佛洛德太太家去，为的是希望再一次受到这位太太的夸奖。

安徒生全副精神都放到剧本上，从清早到夜里，心里想的，只有剧本的故事该怎么发展这一件事。

自从爸爸死后，安徒生就一直不言不语，很忧郁的样子。现在看到安徒生这么高兴，妈妈也感到非常愉快。

这一天，安徒生对妈妈说："妈，有人说我写的这个剧本没有意思，我想到剧院去看看真正的剧本是怎么样的。"

"嗯，既然你这么想去，就让妈妈来想想办法吧。"安徒生的母亲为了不打击儿子的积极性，很爽快地回答。

尽管家里很穷，根本买不起戏票，可是母亲为了满足儿子的要求，还是想方设法搞来了一张票。

这天，母亲把儿子叫来："儿子，你瞧这是什么？"

"啊，戏票，妈妈，你真是太好了！"安徒生兴奋地亲了妈妈一下，就要往外跑。"嗯，回来，这样去看戏多寒碜呀！来，让妈妈打扮打扮你，咱们要体体面面地去看戏。"

在妈妈的精心打扮下，安徒生精神多了。

世界童话之父——**安徒生**

"好啦，儿子，你真是个漂亮的小伙子啦，快去看戏吧！"

安徒生听了这话，立刻飞也似的奔向剧院。

安徒生走进剧院，坐在自己的座位上一看，那么多观众，有意思极了。幕布一拉开，他就全神贯注地看演出。戏演得真好，真带劲。

通过看戏，安徒生大开了眼界。他看到那些台下本来平平常常的人，经过装扮一到戏台上就变成了威严的国王、娇艳的王后、英俊的王子和美丽的公主……真是太奇妙了！这时他才知道，世界上还有这等美好的艺术。这可比自己的木偶戏优美、生动得多了。他一边看戏，一

※ 能成为一个戏剧演员是安徒生幼时的梦想。图为小戏剧演员

边模仿演员们的表演，背诵他们的台词，简直入了迷。同时他也暗暗下决心，将来一定要做一个演员。

看完戏，安徒生一回到家，第一件事就是把母亲的一块围裙抓过来，当成一件斗篷，披在肩上，把自己装扮成中世纪的骑士，走到一面镜子前，模仿剧院演员的动作，口中念着台词，认真地表演起来。令人惊讶的是，他居然记住了那么多台词。他母亲惊奇地看着他说一些中世纪骑士的话，做一些骑士做的动作。他就这样，一连表演好几个小时，甚至接连几天沉醉在这里面。从此，安徒生就更加痴迷于戏剧了。

1817年6月，哥本哈根皇家剧院的一批男女演员和歌唱家到奥登赛来演出几场小歌剧和悲剧。他们的杰出表演成了大家议论的一件大事。小安徒生和发节目单的小伙伴，一起到后台去参观。剧团的领队还让他登台，演了一个牧羊的孩子，小安徒生演得好极了。那个领队很喜欢他，就称赞道："你很有演戏天分呀。长大后，来当个演员吧！"

安徒生听了这一番话，心里甜蜜蜜的，同时他也暗暗下了决心：好吧，长大以后，我一定要去当演员。

这样，几个月又过去了，小安徒生的妈妈改嫁了。继父也是个鞋匠，对小安徒生还算不错。小安徒生一直活在戏剧世界里，不知不觉已经12岁了。

"这家皮鞋店的老板娘，到底打算让她儿子东游西荡地玩到什么时候为止呢？"每当安徒生的妈妈上街，都会听到别人在背后这样说。

每当这时候，妈妈觉得很不安，就在心里暗自盘算起来。这一天，她把安徒生叫到身边：

"安徒生，妈妈的意思，并没有打算要你出去做事赚钱回来养家。可是，左邻右舍的闲言碎语实在听不下去，我看你还是找家工厂做做工好吗？"

其实，也难怪人家说闲话。因为，隔壁的孩子比安徒生小两岁，早就出去做工了，每个星期，总会带钱回家贴补家用。

奶奶听说了这件事，伤心地哭了，她认为工厂里尽是些无赖。尽管这样，她仍然擦干了泪，领着安徒生到一家织布厂去"上班"了。

工厂的设备非常简陋，里面狭窄而黑暗。窗户全都用破纸和碎布堵住，震耳欲聋的机器轰轰响一整天，领工是德国人，干活的除了奥登赛最贫困的穷人外，就是监狱里

的囚犯。像安徒生这样的小童工，就只能给囚犯们当小工。

工厂里有很多德意志人当工人，他们不是唱歌，就是聚在一起聊天，有时还说笑话，引得同伴们拍手叫好。

两三天以后，安徒生对这样的生活也就适应了。

"喂，新来的小伙子，你也来玩一下吧？看样子，一定唱得很不错。"

同伴中有人这样提议。安徒生听了，心里想：唱就唱吧，就唱一支歌也没关系。

安徒生的歌的确唱得很好。他是一个很难得的男中音，平时，他在花坛下独自引吭高歌时，总会引起过路的人侧耳倾听。

这时，只见安徒生马上摆出一副歌手的架势，高声地唱起来。

他这一唱，那优美的童声中音，回荡在车间里，喧闹的车间里顿时鸦雀无声。工人们都在欣赏他的演唱。一曲唱完了，工人们拍手称赞："唱得好，再来一个，再来一个！"

他就又继续唱下去。这时，他的心里得意极了。

"演戏，我也很在行咧。荷尔培尔的戏也好，莎士比亚的戏也好，我都会演。"又唱完一曲后，

他这样对那些兴致勃勃的工人朋友们说。

"那就演一出戏吧！"工人朋友们更高兴。

小安徒生提高了嗓子，背起戏词来，那副神态，完全和戏台上的演员一模一样。

就这样，小安徒生越来越受大家欢迎。有的时候，甚至连他的工作，也有人替他做，好让他去演唱。工厂这个地方，比他想象的要愉快得多，小安徒生也就心安理得地待着了。

可是，有一天发生了一件不愉快的事。

"嗨，安徒生这家伙，声音那么细，八成是个小姑娘吧！"

有人这样一说，就有两三个人大声地附和，大家觉得这个问题很有趣，便摁住安徒生手脚，大声地嚷道：

"是女孩子，没错，是女孩子！"

这一下子，可真使安徒生大吃一惊！他满脸通红，生气地大嚷，从工厂跑回家去。

身材高高的安徒生，肤色白皙，头发漂亮，态度也很温和，看上去倒真有点像女孩子。

"儿子，别哭，那样的地方咱们不去就是了。"妈妈听完他的哭

诉，淌着眼泪安慰儿子。

这样，小安徒生又整天待在家里，而且总是闷闷不乐。

妈妈觉得他很可怜，就让他到文凯佛洛德夫人家里去玩会。

另外还有一个上了年纪的寡妇，有时候，这位太太会要安徒生朗诵小说给她听，安徒生就从开头的地方念："那是一个风狂雨骤的午夜，偶尔听到雨点打在窗子上的声音，更显出了这夜里的静寂……"

安徒生才读到这里，那位太太就说："安徒生，这小说一定很有趣呀。"接着，她又说：

"因为，只要听开头的几个句子，就可以知道这本小说写得好不好。"

安徒生对于这位太太高明的判断，感到非常惊异。

小安徒生由于天资聪颖，已经成了当地小有名气的"小神童"了。他的名字已经传遍了当地的上流家庭。这些人家常常招呼安徒生到他们家玩，而且很热情地招待他。

小安徒生有时候唱歌给他们听，逢到太太们生日的时候，他会送些亲手缝制的手工制品。所以，他就更受大家欢迎了。

陆军上校甘路边尔也很诚挚地对待安徒生。他还带安徒生去觐见亲王。这位亲王，就是以后丹麦的国王——克利斯汀八世。上校还答应帮助他进教会学校去读书。教会学校，那是只有有钱人的孩子才能进去的呀！妈妈听到儿子要被亲王接见的消息，也非常高兴，她给小安徒生穿上了最干净的衣服。

就这样，上校拉着怯生生的小安徒生来到了亲王宫殿。

亲王穿着普通人的衣服，亲切地招待他。小安徒生给他唱了自认为最好的歌儿，又使出浑身解数朗诵了莎士比亚和荷尔培尔的剧本。亲王喜爱地拍着小安徒生的头，问："你最喜欢干什么呢？""到教会学校读书！"亲王听后，摇了摇头："穷人的儿子应当尽快挣钱，你做车工吧，我帮你！"安徒生一下子从明亮的云端跌入漆黑深谷，一切都完了。旁边的上校听亲王这么说，也附和道："这孩子的举动、风度、说话等都没有脱离鞋匠味，就让他做个手艺人吧！"

亲王转头问安徒生："怎么样，决定吧！"安徒生艰难地回答："我要当演员，要读书！"亲王失望地看着安徒生，又看看上校说："好吧，这孩子真犟。"而后吩咐下人"送客"。

世界童话之父——**安徒生**

丁纳尔小姐

这年安徒生正好15岁，按照丹麦的习俗该行坚信礼了。

妈妈已经在开始准备给小安徒生举行坚信礼。

所谓坚信礼，就像我们中国古时的冠礼，经过这种仪式以后，一个孩子就算正式成人了。

※安徒生笔下的童话世界

安徒生长大做什么事呢？不能总是这样晃悠呀。最近，安徒生的妈妈总是这样想。妈妈一心想叫安徒生学裁缝，她对安徒生说："你看迪克曼先生的日子有多好！"住在十字街的迪克曼是镇上第一流的裁缝，妈妈的理想榜样就是他。

这一天，妈妈郑重地对小安徒生说：

"安徒生，我看你给木偶缝的小衣服，缝得非常好，所以，我打算叫你去学裁缝，你看好不好？"

安徒生听了，大惊失色：

"哎呀，妈妈，你要我去做裁缝，我不想干裁缝啊！我喜欢给木偶缝衣服，那是因为我喜欢玩木偶戏啊！"

妈妈听了他的话，一个劲地摇头说：

"你还是个小孩子，你懂得的事情不多！在我看来，你去学裁缝，将来一定会成为一个有出息的人。"

妈妈的意思，就是要小安徒生进裁缝店去学手艺，成为一个独立的人。

对于这件事，安徒生坚决反对，他有自己的理想。可是，妈妈的主意却从没有那样坚决过，所以行坚信礼时要穿的衣服，都已经预备好了。

那是拿他去世的父亲遗下的礼服修改的，穿在他身上很合身。另外，还有一双从他生下来就没穿过的鞋子，也好好地放在他面前。

看到这些东西，安徒生忽然高兴起来。这时他恨不得早点举行坚信礼。即使不去学裁缝，年纪已经到了15岁，这坚信礼也是迟早要举行的。

这时，他已经不把学习裁缝的事情放在心上，主动要妈妈到牧师那边去，请求早点举行坚信礼仪式。

这里的惯例，有钱人的孩子由圣诺教堂的大牧师执行坚信礼，穷人的孩子则由牧师的助手或神甫来完成坚信礼。这个不成文的习惯，一直在当地沿袭着。

登记受坚信礼那天，安徒生坚持要大牧师来执行坚信礼，大牧师嘴上不好拒绝，心里却十分厌恶安徒生。没有办法，牧师只好勉强答应。

"什么话！安徒生要在牧师那里行坚信礼！"波尼带着街上一群坏孩子，这样嘲笑着，"虚荣的安徒生呀！"

可是，安徒生绝不是为了虚荣才要到牧师那边去。他打算趁这个机会，和拉丁文学校的学生一起在教堂里做礼拜，这样，对于自己的学习有所帮助。

而且，有了这么一套服装和鞋子，就不会在那些人面前显得局促不安了。拉丁文学校的学生到他父亲店里来做皮鞋的那件往事，至今还深深地印在他脑海里。

可是，当安徒生到牧师那儿，准备行坚信礼的时候，那些拉丁文学校的学生，眼里显出不屑的样子，做出瞧不起他的举动来。

开始受坚信礼，富人的孩子排队等候，小安徒生站在他们中间，显得非常突出。没有人和安徒生讲话，仿佛他不存在一样。大人们冷眼瞧着他，并在背后指指点点，有的说："瞧着吧，大牧师不会放过

世界童话之父——安徒生

他,看他怎么出洋相!"

小安徒生在那儿站着,孤单无伴,心里非常难受。

"是的,我到底是个穷孩子,要想跟他们在一起玩是不可能了。"想到这里,他忍不住低下头,掉下眼泪来。

可是,后来,却又下了决心,抬起头来说:

"好,别瞧不起我,我绝不会输给你!不管怎样,裁缝这个行业,我绝不去干!"

当他满面泪痕地抬起头来时。一个少女满面笑容地站在他的面前:"安徒生,你好!"

安徒生不禁这样打招呼:"啊!丁纳尔小姐!"

这是贵族洛恩家的丁纳尔·洛恩小姐。

"安徒生,我看你好像有什么心事似的。我常常听人家提起你,我希望你有空时,常到我家玩。到那时候,肯不肯唱首歌给我听听?这几朵玫瑰花,送给你吧,这是刚剪下来的。"丁纳尔·洛恩这样对他说。

"多谢你,你这份好意,我一辈子也不会忘记!"

小安徒生立刻接过那一束美丽的玫瑰花。

她怎知道这一束花在安徒生的心头,留下了怎样深刻的印象呢!

就这样,丁纳尔小姐在小安徒生幼小的心灵中留下了深刻印象。

轮到小安徒生接受牧师提问了,他针对牧师的提问对答如流,妈妈在一旁听着激动得流下泪来。后来牧师该给安徒生写评语了,写什么呢?他犹豫了许久,"这个孩子的确勤奋、文静,可是,这个穷孩子为什么不按惯例去找助理神甫呢?"终于,他还是下笔写下这样的评语:"此人才艺超群,精通教义,勤奋好学,无可指责,品学兼优。"

"只要有丁纳尔小姐在一起就够了!"安徒生心头感到无限的安慰与满足。

而且行坚信礼仪式这天,安徒生把那套漂亮服装的裤脚,塞进了袜子里去,再穿上那双叽叽作响的鞋子,在教堂里很神气地东转转、西看看地走动着。

"要是丁纳尔小姐能够注意到我这双鞋子,那有多好。"安徒生想。

安徒生的童话中,有一篇名叫《红鞋子》的,内容是说一个女孩子,因为穿了一双红鞋而感到非常高兴的故事。在这个少女身上,谁能说没有安徒生自己的影子呢?尽管那些拉丁文学校的学生不喜欢跟他接近,他也毫不在乎。

找戏剧皇后去

妈妈在坚信礼举行后的第二天,很高兴地督促他说:"哎,从现在起,你已经成为一个大人了。你就好好地去学裁缝,也好让妈妈放心。"

安徒生一听,坚决地说:

"妈,我绝对不去学裁缝!我要遵循爸爸的意愿。"

当他试探着将自己的决定告诉母亲时,母亲以为他是在开玩笑,没考虑成熟,不加理睬,没想到儿子真是作了准备。为此母子俩争执起来。

"你在说什么?到现在还是这样。那么,你到底想干哪一行呢?"

"我希望成名!但不是靠裁缝。我不是说裁缝有什么不好。那是因为我想靠我的才能,我另外会有成名之路。"

接着,安徒生举出好些伟大人物少年时怎样贫苦奋斗的实例来,说给妈妈听。

那是妈妈从来不曾听过的。妈妈听了,也觉得没理由阻拦安徒生奋斗的志气。

"那么,你到底打算做什么呢?"

妈妈这样一问,安徒生就直截了当地说:

"去演戏!到戏院当演员。"

"当演员?你要去当演员!"

妈妈听说安徒生要去当"演员",吓得脸都变

※木偶是安徒生童年最好的伙伴

世界童话之父——安徒生

了色。"你呀,这简直是……"话到嘴边,她忽然觉得儿子15岁,已经是"大人"了,要顾及孩子的自尊心,所以把"发疯"改成了"做梦"。"那是你挣饭吃的行当吗?没听你奶奶常说,一个演戏的人不到40岁就讨饭了,因为他肩不能担,手不能提……"

妈妈一连唠叨了好几分钟,就是说演员不好,想说服安徒生放弃这个念头。

可是谁知过了一会儿,安徒生更坚定地说:"妈妈,让我到首都哥本哈根去吧!"

妈妈一听,更加难过,急忙说:"你怎么可以到那么远的地方去呢?你靠什么呀?"

哥本哈根远在西兰岛的东岸,从奥登赛市前往哥本哈根,非横越海峡不可。

"我知道我会成名的,"他恳求道,"还会发财的。以后我会给你很多钱,给你买衣服,买有用的东西。让我去吧,妈妈!"

妈妈这时不知如何是好,只得到医院里把那个会占卦的老太婆请来,要她占一个卦,算一算是不是可以照安徒生的希望,让他出远门。

"好,好,我来给他占一卦,我占的卦,没有不灵验的。"

那老太婆拿出一副牌来,用她那怪模怪样的手法占算起来。一会儿,老太婆突然用大得惊人的声音嚷着说:

"这,这——,运气非常好呢!你们听了不要惊奇!这个孩子将来大有出息。将来,我们奥登赛市一定会搭起彩牌楼来,庆祝他的成功呢!你们还是依着孩子的希望去做为好。"

向来十分迷信的妈妈听了这些话总算放了心,终于同意儿子出门了。

可是,到了决定要走的时候,安徒生心里横着一个重大的问题没解决,到哥本哈根去找谁呢?

这时他想起,去年那个剧团的领队曾经说过,哥本哈根有一个叫作莎尔夫人的舞蹈家,现在正走红。

"对了,就找那个夫人去。这位夫人,听说是戏剧皇后哩!她一定会帮我的忙。不过,他又想了想,这样随随便便去找她,她不一定肯接见吧?"

安徒生急中生智,灵机一动,就去拜访奥登赛市的名人——印刷厂老板伊贝逊老先生,因为这位老先生认识许多戏剧界的人。

"我想请你给我写封介绍信,我要去拜访莎尔夫人。"

※ 红鞋子的故事

老先生听了他的要求，劝他说：

"小伙子，别那么做，我看，你还是听你妈妈的话，学点手艺，做裁缝的好。"

安徒生一听，气愤地答道：

"放弃自己的天职，那真是最大的罪孽，你说这样的话，就是犯了大罪，难道你不在乎吗？算卦的说我是一颗伟大的星星转世的呢！"

老先生吓了一大跳，听了孩子的话有些惊讶，知道这孩子的恳求不是一时心血来潮。他沉吟着说："我可以写封信，你先去闯闯。说实在的，我并不认识莎尔夫人。"

安徒生鞠躬道谢，他拿了这封字迹写得龙飞凤舞的信，如同得了符咒，认为自己的好运气全在那里面装着。他急匆匆跑回了家，准备行程。

"让这么个15岁的孩子出远门，"有的邻居对安徒生的妈妈说，"到人地生疏、复杂的大城市哥本哈根去，是件多么可怕的事啊！"

"是啊！"他妈妈回答，"可是他搅得我不得安宁。我同意了，但我肯定他走不出尼堡的，他一见到那汹涌的海洋就会吓得折回来的。"

然而，妈妈说错了，安徒生是个意志坚定的孩子，他要做的事，就必须做到。

1819年9月的一天，安徒生数了数这三四年储蓄起来的十三四个塔立尔，然后把这笔钱放进口袋里，再把行坚信礼时妈妈修改好的那套衣服包在一个小包袱里，跑着搭上了驿马车。

"安徒生，你真的要走吗？"老祖母不管马车夫忙着要出发，还是紧抱着安徒生，哭个不停。老祖母那一头雪白的头发，这时，已经弄得蓬乱不堪。

安徒生心里也非常难受。

不一会儿，哨声响了。马蹄声也得得地响了起来，马车终于开动了。

"妈，奶奶，请你们保重身体！"

安徒生一直挥着手，直到穿过山榉林，看不见两位老人的影子时，才放下挥舞的手。

没想到这次分别竟是他和老祖母的永别。第二年，安徒生还在哥本哈根的时候，她老人家就去世了。

马车才到菲英岛的终点纽波儿镇，安徒生突然觉得好孤单。他想：现在，除了上帝以外，再没有一个可以依靠的人了！

"皇家剧场在什么地方"

这一天，安徒生乘马车驶到了哥本哈根城门口。他兴奋地拿起行李，从马车上走了下来。

安徒生乘马车几乎走了100英里的路程。终于从奥登赛到了哥本哈根，这该不是做梦吧？首都著名教堂的高耸云霄的塔尖已经看得见了。他从画片上见到过这座教堂和它的塔尖。不错，的确到了哥本

※哥本哈根

世界童话之父——安徒生

哈根。那巨大的漏斗形建筑物，旁边古老的球形塔，还有那有名的城堡，都呈现在眼前了。不，他不是在做梦。尽管街上的行人一个也不认识，但是他千真万确到了首都。

哥本哈根一向有"北欧巴黎"的雅称，是一个非常典雅的都市。在12世纪时，这儿还是一个小小的村落。自从15世纪国王克利斯托夫在这里定都以后，它就成为一个典雅的都市。

它人口不足10万人，保持着中世纪油画般的古老遗风，典雅古朴的各种尖塔鳞次栉比，又称做"塔城"。

对于从奥登赛小镇来的安徒生而言，哥本哈根城太大了。一下车，安徒生立即感到自己的渺小，小得如沧海一粟，莫名地，泪珠滚落在衣服上。

安徒生一面东张西望地沿路欣赏街头的景物，一面不停地向人打听：

"请问皇家剧场在什么地方？"

按照人家指点的方向前进，一路看到了好几座圆塔和教堂。最后，终于在矗立着国王克利斯汀五世骑马铜像的广场南边，找到了皇家剧场。它高高地耸立着，非常引人注目。

安徒生像回到了故乡似的，在剧场的四周，看了一遍。

这个剧场的影子，在他的梦里已经出现过好多次了！但这次是它实实在在地在自己面前了。他实在太高兴了。随后，他也到这附近的那个叫作哥根斯·尼屈洛弗的繁华市场去看热闹。

这时，高兴的心情已使安徒生忘掉一切心事了。当他抬头望着那雄伟的剧院出神时，突然有人走近他的身边，对他说道：

"今天的戏很好看呢，喂，来一张戏票好吗？"

安徒生一听，真是高兴，他暗想，这个人真好，他要请我看戏，便回答：

"谢谢你，老伯伯！"

他一把接过戏票，就向戏院的入口处跑去。

可是，只听见他背后有人在追赶，还这样嚷道：

"小家伙，你想骗谁？拿戏票不给钱哪！"

他回过头来一看，原来就是那个给他戏票的人。

"老伯伯，这戏票不是送给我的呀？"

"混蛋，哪有不给钱而白送的戏票？"

原来那人是戏票黄牛。

安徒生赶紧把戏票还给他,慌慌张张地跑开了。

安徒生根本不知道,城市里居然有黄牛在兜售戏票呢。

当时,安徒生怎么想得到,10年后,他的第一部剧本,就在这里上演呢!

今天这一件事情,使安徒生满肚子的不高兴。

他在一个客栈里住下来后,就准备去找莎尔夫人。

这是一次只许成功、不许失败的访问。因为,他来此的第一个希望就放在莎尔夫人身上。

※ 现在的皇家大剧院

世界童话之父——安徒生

第一个希望——莎尔夫人

在客栈住了一宿,第二天,安徒生穿上他最好的衣服——那件改制的礼服,换上一双擦得锃亮的新皮鞋,头发梳得整整齐齐,便去拜访首都著名芭蕾舞明星莎尔夫人。

安徒生欣喜若狂,沿路询问莎尔夫人的地址,因为莎尔夫人很有名气,所以很快找到了。他几乎是蹦蹦跳跳地找到了莎尔夫人的住地。在那扇雕着卷云图案的黑亮亮的铁门前,停住脚。他擦去额上的汗,又掸去帽子上的尘土,重新整理衣帽,并让激动的心情平静些。但是,这又怎么可能做到呢?一想到自己就要成为演员,就要在大剧场里表演自己喜爱的艺术,他的心就会加速怦怦跳动,血液就会涌流到头顶。

安徒生头上那顶帽子,实在太大了一点,不停地滑到眉毛上来。他刚把它往上推,过不了多久,又滑下来。因为,这是他父亲的旧帽子。安徒生一只手不停地往上推帽子,一只手去摁莎尔夫人家的门铃。

这时,一个女仆提着篮子从楼上下来,向他和蔼地笑了笑,给他一枚钱币,便轻快地走开了。他惊讶地注视着她给的那枚钱币,在后面喊了她一声。

"收下吧!收下吧!"她回转头来诚恳地告诉

他，然后就走了。

安徒生差一点儿就要哭出来。他心里想："今天，我穿着一身平日舍不得穿的衣服，没想到在首都的人看来，竟认为我是个叫花子！"

他一面望望那个铜板，一面看看那个女佣："我是来看莎尔夫人的，还有介绍信在这儿呢！"

"噢，原来是这样。"善良的女仆笑了，"好吧！跟我来吧。"

就这样，安徒生终于可以去见莎尔夫人了。

"这次要是失败的话，就完蛋了！"他一脸紧张的神情走了进去，一会儿，莎尔夫人就出来了。

莎尔夫人的个头不高，体形很匀称，两条优美的腿一下子就让人把她和芭蕾艺术联系起来。但现在有些发胖，她轻轻地打开信笺，很快就看完了信，眨着困乏的眼睛说："这位写介绍信的伊贝逊先生，我并不认识。不过，对于你想演戏的心情，我很理解。那么，你到底想演什么戏呢？"

安徒生听后，立即脱下靴子，因为这样会使身体轻快些，又把帽子摘下来，当作手鼓用。他使出所有的力气，调动平生所有的艺术细胞，自唱自舞，表演了皇家剧院曾经在奥登赛演过的辛德里拉。表演结束后，安徒生两颊涨得通红，头发像刚刚洗过一般，湿漉漉的，渗着汗水。他紧张地等候着莎尔夫人的评价。

莎尔夫人的表情，已经变得和刚才不一样，她把头侧在一边，安徒生凭着自己聪明的头脑已经预感到了不祥。"不能放弃，要勇敢些！"安徒生涨红了脸。

知识链接

莎士比亚

威廉·莎士比亚（1564—1616年），英国文艺复兴时期伟大的戏剧家和诗人。他的代表作有四大悲剧：《哈姆雷特》《奥赛罗》《李尔王》《麦克白》。著名的四大喜剧：《仲夏夜之梦》《威尼斯商人》《第十二夜》《皆大欢喜》。历史剧：《亨利四世》《亨利五世》《理查三世》。正剧、悲剧：《罗密欧与朱丽叶》，悲喜剧（传奇剧）：《暴风雨》《辛白林》《冬天的故事》《佩里克勒斯》。他还写过154首十四行诗，两首长诗。本·琼森称他为"时代的灵魂"，马克思称他和古希腊的埃斯库罗斯为"人类最伟大的戏剧天才"。

世界童话之父——安徒生

"我还有事,今天我看就到这儿吧。关于剧院方面,以后有机会,我会帮你问问。"安徒生还想向她表述自己的理想,不料莎尔夫人对女仆说:"给客人准备食物吧!"而后,又回过头来对安徒生说:"我很累,您就自己用餐吧!"说完就径直朝卧室走去。

安徒生从语气上听得出来,她是说:"请你回去吧!我不希望有人打扰。"

安徒生眼前漆黑一片!他满怀兴奋,告别亲爱的妈妈和奶奶,离开了奥登赛,没想到会得到这样一个下场!

安徒生垂头丧气地在街上走着,茫然地在宫殿后面的运河边徘徊。运河里,横着几艘小船,他就斜倚在石墙上,低头沉思。

船上飘过来一阵阵歌声,这歌声提醒了他,使他又恢复了一点生气。

"找剧场经理去说说看。"这样一想,他又鼓起勇气走向剧场。

安徒生向经理家的看门人通报了姓名,说有事要见经理。但看门人说经理太忙,不接见任何人。安徒生凭着勇往直前的勇气一再恳求,看门人被说服了,进去通报了主人。他终于被接见了。

"年轻人,"荷尔斯坦看着眼前这位陌生人,问道,"你有什么事这么着急?"

"尊敬的经理先生,我想当一名演员。我会朗诵莎士比亚的作品。乡亲们都夸我唱歌好听,还说我会成为歌唱家。我是从一个遥远的小镇来这儿的。经理,我请求您给我个机会,我会十分努力的。"安徒生用期盼的眼光等待着经理的回答。

经理反反复复端详着这个有着像鹳鸟一样的细长身材的年轻人,然后断然地摇摇头说:"不行!小伙子,说实在的,要演戏的话,你的身体太瘦了,舞台上没有适合你的角色,而且,我们这里请的演员,都是受过教育的。你还是回去吧!"说完,便埋头审剧本去了。

安徒生早有思想准备,他恳切地说:"薪水我要求不高,够我生活就行了。"

荷尔斯坦笑了笑,可还是摇头:"对不起,我们五个月之内不招人。"

这次安徒生又碰钉子了。在这样大的哥本哈根城内,竟没有一个人肯对安徒生说一句好话,或者给他一点安慰。

"难道只有死路一条了吗?"安徒生难过得只好抬头望着天空,向上帝祈祷。

安徒生思潮翻滚,带来的十多

个塔立尔已所剩无几。

京城剧院今天正上演歌剧《鲍尔和弗吉尼亚》。安徒生看了一眼海报，突然，他改变了主意，管他呢，好歹先看场戏，于是，他买了一张戏票。

安徒生第一次坐在豪华剧场里观赏歌剧，心情一直不能平静，当看到剧中主人公与亲人生离死别的悲惨情景时，安徒生不禁痛声哭起来。邻座的一位女观众劝他说："不要当真，这是演戏，台上的人悲恸欲绝，可到了台下就快活极了，他们当演员的活得可自由啦！"好心肠的女子还塞给安徒生面包、水果。安徒生非常感谢她，自从到了京城，还没有一个人对他这么关心。

安徒生呜呜咽咽地把自己想当演员的理想和近些天所遇到的种种不幸，原原本本地告诉她。他激动地说："我的遭遇就像戏里的情节一样，我就要和我所喜爱的戏剧永远分离了呀！"

※奥登赛的安徒生雕像

世界童话之父——安徒生

那女人听了这番话,觉得很惊奇,以为他是个精神不正常的可怜孩子!

安徒生仰慕的哥本哈根,竟有这么多的艰苦和悲痛的事情等着他,这是他做梦也想不到的。

到了这时,安徒生所有的财产,除了付给客栈的房钱以外,只有一个塔立尔!

安徒生在心里暗自盘算着:现在我是回奥登赛市,还是在哥本哈根找一个师傅学手艺?

可是,他又想:回到奥登赛市去,还不是去当学徒!我想那一次占卜,不会有错的。还是在哥本哈根找个工作再说。

下了这样的决心以后,第二天早晨,安徒生在报纸上看到一个度量衡店招募学徒的广告,他就应征进了这家度量衡店,当起学徒来。

这家店的老板待他非常好,可是,那些职工却时常在他面前开玩笑:

"喂,快来看呀,来了一个小姐!"

这和以前在织布工厂里的情形一样。原来,安徒生有一头金发,漂亮得好像女孩儿似的。所以职工们拿他开玩笑了。

开玩笑归开玩笑,安徒生为了保住饭碗,只能默默忍受着。第二天他来得很早,6点钟开始干活,干得很卖力。

师傅虽然很好,但他不教手艺,只让安徒生干重的力气活,让他帮顾客抬家具。安徒生太瘦了,他常常累得脖颈上都绽出条条青筋。那个粗壮的大汉又借机讪笑:"嗨,看哪!大鸵鸟变成小麻鸭子啦!"安徒生听后更加局促不安、拘束腼腆,而这时,工人们就越发起劲地奚落、讪笑。

工人们的冷嘲热讽,如雪上加

霜。但这些比起他丧失的东西来，却是微不足道的。他想到不能亲手毁掉朝思暮想的水晶城堡，放弃苦苦追求的远大前程。

不到天黑他就去找老板，说他不想订合同。

"是不是小伙计们把你欺负苦了？"老板马德生问道，"你刚来，他们跟你还不熟。往后，一切都会好的。"

"不，不，马德生先生，"安徒生不好意思地说，"谢谢。"

安徒生从店里跑出来后，又走向那耸立着国王克利斯汀五世骑马铜像的大广场。而席乐天荷佳王宫和皇家剧场，就在广场旁。

安徒生不禁掉下了眼泪。他想："我安徒生的遭遇，竟惨到这种地步！"

在奥登赛时，他曾在报纸上看到过一则意大利人西博尼要当皇家音乐学校校长的消息。这时，他突然有了个主意。

"我的歌喉，不是曾经在奥登赛受过大家的赞赏吗？就去找西博尼谈一谈吧。要是这一次再不行的话，上帝一定会叫我回去的。"他下了这样的决心以后，就鼓足勇气，到皇家音乐学校去找西博尼校长。

经历了又一次的失败，安徒生没有退却，为了实现理想，他要不断地拼搏。

安徒生按照广告上的地址，兴冲冲地找到了音乐学校，人们告诉他，西博尼正好在家里。

西博尼是位才华横溢、热情好客的教授。和往日一样，社会名流人士在西博尼家中济济一堂。丹麦的作曲家惠斯，丹麦的民族歌剧的创始人、诗人巴格森，还有爱仑士雷革等人都在这里。

当年轻的安徒生敲响西博尼家的门，向出来的女管家道明来意后，女管家却说："年轻人，西博尼先生不可能接见你。他正在跟几位朋友聚会，都是些很有名的人物，没有时间见你。你另找时间来吧。"

"可是我必须见他，"安徒生说，"我是一个穷人家的孩子，从奥登赛来的，我的歌喉很好。我只求他听听我唱歌和朗诵。一些有眼力的人都说我有前途，我自己也很有信心，但我现在的境遇很糟糕。让我进去吧，让我向西博尼先生证实一下我的才能吧！他可能会对我感兴趣的。请不要拒绝我啊！"安徒生的诚恳态度，终于感动了女管家，她答应去通报。

安徒生小心谨慎地把来意向西博尼校长说明白以后，那位一头蓬松长发一直披散到肩头的西博尼回

世界童话之父——安徒生

答道:

"请你到这边来!"

说着,就把安徒生带到钢琴室去。

"你唱一首你喜欢的歌给我们听听看!"

西博尼教授坐到钢琴凳上,轻快地弹出荷尔培尔一个诗剧的序曲,安徒生立刻和着琴声唱了起来。因为他不习惯有伴奏,开始唱得断断续续,不很合拍。但是他很快进入了角色,高亢的童中音在大厅盘旋,唱到忧郁的地方,他的眼泪情不自禁地流了出来。

在座的艺术家和教授们为这孩子拍手喝彩了。

安徒生又背诵了几首诗,还表演了荷尔培尔剧里的一段独白。他的吐词那么清晰,声音那么洪亮,感情那么真挚,越往下朗诵越入迷,整个人都进入了角色。他就像是在演他的悲惨遭遇一样,往往情不自禁地流下眼泪。全屋的人深深地被他的朗诵吸引住了,眼睛随着他的手势转动,听得如醉如痴。安徒生的洪亮的声音在客厅里回荡。穿戴时髦的绅士们都像被一股无形的魔力吸引住了。

当安徒生红着脸停了下来,紧张地望着大家时,人们才回过神来,对他的表演报以热烈的掌声。

起初,安徒生不曾想到这些掌声是他自己的歌声引起的。直到诗人站起来发表意见时,安徒生才明白过来。

巴格森说:

"我不妨在这里向大家预言,这个孩子,不久,一定会有相当的成就。可是,孩子,我要对你说——"

说到这里,巴格森特地掉转过头来,对着安徒生:

"你千万不可以自负,因为将来一定会有很多人为你鼓掌!"

这番话,在安徒生听来,简直像是从天上掉下来一样珍贵!

接着,西博尼校长说:

"小朋友,只要你肯用功,你一定会成为皇家剧场的歌手,而且,成功地踏入歌坛!我会尽我的力量帮助你。"

他带头捐助,几位艺术家慷慨解囊,立刻募捐,当下凑了70个塔立尔。钱由西博尼保存,作为安徒生的生活费用。他可以白天来教授这里学习声乐,晚间到惠斯教授家去学习德文,因为德文对于进修音乐课和听懂西博尼的辅导是不可缺少的。

事情就这样定了下来。那天晚上,安徒生感到他是世界上最幸福的人了,一切都是那么美好。他兴奋得直到半夜都没入睡。

一封家书

第二天,他给奥登赛的母亲写了封信,报告他在京城的大好消息。这是一封充满欢乐的家书,他觉得全世界的好运气似乎都源源不断地倾注到他身上了。

信中是这样写的。

※ 安徒生画像

妈妈:

您的身体健康吧?自从我到哥本哈根以来,吃尽了各种苦头!不过,请妈妈安心好了,在莎尔夫人那边我虽然没有成功,可是,现在皇家音乐学校校长西博尼教授亲自教我声乐。而且,诗人巴格森先生,还有作曲家惠斯教授,都很同情我,尤其是惠斯教授等几位先生,为我写了好几封信给朋友,募集了一笔70个塔立尔的现款。

在进音乐学校的前一天晚上,我的身边只有一个塔立尔了,可是,他们这一下子就为我筹募了这么多钱。另外,惠斯教授每个月还要给我10个塔立尔,

世界童话之父——安徒生

作为我的生活费。

　　妈妈，那位惠斯教授的少年时代跟我一样，也非常穷苦。我一定要以惠斯教授为榜样，将来，一定要有所成就。

　　现在，住到西博尼教授家里的我，觉得幸福已经落到我的头上了。

　　妈妈，您看到这封信以后，就可以知道我的德文已经很好了。当我在家里读剧本的时候，我懂得的德文，只有"扫帚"这个词，还曾经被大家笑过。现在，我能讲的德文，已有几百句了。

　　我来哥本哈根的时候，在马车里认识了一位生长在哥本哈根的女士。她看到西博尼教授用德文和我讲话，我回答得非常困难，就介绍了一位教德文的老师给我，现在，他每天免费为我补习两三个小时。

　　妈妈，您的儿子安徒生现在过着很幸福的生活。这都是靠上帝的保佑，所以，我经常向上帝祈祷。

　　"呀，请你帮我看一看，这是安徒生写来的信。"

　　不认识字的母亲，请牧师看了信，知道安徒生的情形以后，实在太高兴了，片刻也安定不下来，拿着信，到处去给人家看。

　　"到底是怎么一回事呢？"

　　也有人故意俏皮地问。

　　"他幸好没有去学裁缝。那个占卜的老太婆说的话，全应验了！"妈妈这样高兴地告诉人家。

※王子与公主是童话世界的代表

好事多磨

在哥本哈根，西博尼腾出一间房子给安徒生住。安徒生开始在西博尼教授指导下进行声乐训练。安徒生积极、勤奋，苦学苦练、进步很快。在很短的时间里，他就成了大家所喜欢交往的人物。许多人都知道有这么一个来自奥登赛的安徒生，不仅在皇家剧院的指挥西博尼门下学艺，接受免费培训，还得到像巴格森、惠斯这样的著名人物的关照。

周末闲暇之际，西博尼常常把安徒生介绍给自己的客人们，并津津有味地让安徒生给客人们读诗、表演。西博尼还常把自己的衣服送给安徒生，过一段日子，还会给一些零用钱让安徒生买自己喜欢的物品。这些零用钱，安徒生总是存在一个小罐子里，以备万一之用。

惠斯教授是个温和的人。他对安徒生寄予很大的希望，除了每天晚上的德文课外，还要留下不少的书面作业让安徒生加强训练。每当安徒生德文学习大有进步时，惠斯教授就会笑眯眯地把安徒生带进自己的大书房，允许他借阅一两本书。在惠斯的鼓励下，安徒生读到了许多古典名著，有丹麦的、有英国的、也有法国的、德国的作品。这些作品犹如新大陆一样，让安徒生大开眼界，他现在非常迫切地想创作剧本了。

世界童话之父——安徒生

※在奥登赛，有不同风格的安徒生雕像

可是，不到半年，乌云就又笼罩到安徒生的头上来。这个不幸，像闪电般地出人意料。

安徒生刚刚过了16岁生日，他的嗓子嘶哑了，严重得连声音也发不出来！失去了银铃般的清脆悦耳的嗓音，过去那种巨大的歌唱魅力一下子就无影无踪了。他唱起歌来像乌鸦"呱呱"叫一样难听了。这个打击太大啊！上帝对他太不公平了。

"安徒生，你的嗓子近来好像变得非常坏了。这样的话，不管我怎么为你尽力，你是不可能成为一个声乐家的。"西博尼教授对安徒生说，这个消息对少年安徒生而言，真是一个巨大的打击。

"老师，我要尽量学习，比以前还要用功！"

安徒生不肯掉向绝望的深谷，拼命地向西博尼教授请求。可是，西博尼教授还是非常冷淡。

那年冬天特别寒冷，他的衣服单薄破旧，靴子也破了。来回踏在积雪的泥泞路，他的脚冻肿了，又患了重伤风，喉头发炎，嗓子终于"倒了"。春雪消融了，天气变暖了，而安徒生的嗓子仍旧嘶哑。试过了许多方法，仍旧不见恢复。一种不祥的感觉袭上安徒生的心头，随后，他几乎是在恐怖中度日如年。

这一天终于来临了。西博尼教授下了逐客令，他说："嗓子变坏以后，不管你怎样努力，都没有用处的。除了脱胎换骨以外，再没有别的方法！我看，等天气好了你还是回到奥登赛去学裁缝的好！"

这对安徒生来说，是多么大的打击啊！一切都得从头开始！而且惠斯教授等几位好心人为他募集的钱，也已经花光了。当然，他没有脸再去找他们帮忙，他们全都尽了力。

安徒生理想的"城堡"又一次坍塌了，难道真是像妈妈说的那

53

样,"一个穷人家的孩子,还追求什么理想?还不如学学裁缝手艺去过温饱日子!"

可是,安徒生哪能回到奥登赛去呢!他不能叫正在欢天喜地、怀着希望的母亲,一跤跌进失望的深渊里去啊!

这时,安徒生突然想起曾经带他到克利斯汀亲王宫殿去的甘路边尔上校的弟弟——诗人古碧尔,他还在哥本哈根。

现在,只有把命运寄托在一个不可捉摸的希望上了。他就写了封信给诗人古碧尔,讲述了他的不幸遭遇,希望能够得到帮助。不久,古碧尔回信了,信里说,不妨见面谈谈。

安徒生喜出望外,马上去看古碧尔。他见到古碧尔时,这位诗人正埋身在书堆里,嘴里衔着一支大烟斗:

"既然这样,让我来给你想想办法。不过,这时候,野心太大是不行的,最多,我只能够让你在哥本哈根读一点书。"

这时候,安徒生听到这样的话,已经非常高兴了。

古碧尔对待安徒生,事实上,比他嘴里讲的还要热情。

"你写给我的信,有不少的别字哩,让我来给你纠正纠正,不过,看得出来你的德文倒是下了一番功夫的。"

古碧尔鼓励着安徒生,同时,还把他刚出版的一本小册子的版税,分一部分给安徒生。

作曲家惠斯和另外一些好心人也资助了他一小笔款子。可是,这些钱加起来才不过16个塔立尔。

安徒生找了一间私人出租房间住下,那是哥本哈根最破烂的街道上的一家寡妇的住宅。这是一个苛刻而又机灵的主妇。

这幢分租的房屋,位于哥本哈根环境最差的一个区,房间和食品储藏室的门总是关不紧。因为没有窗户,阳光一辈子也照不进来。但,这对于安徒生来说,已是一个很不错的避风港。就是这样的条件,寡妇还要安徒生每个月20个塔

※ 书房中的安徒生

世界童话之父——安徒生

立尔的房租。

"嗯,能不能少一些呢?"安徒生小心翼翼地问寡妇。

"那怎么行,我全凭这房子吃饭呢!"她表示一点钱也不能少。

安徒生听了,急得一屁股坐在椅子上,不断地淌眼泪。

这时,他无意间注意到挂在面前的房东先生的照片,就擦干了眼泪,直盯着那张相片。

"嗨,你怎么了?"寡妇见状奇怪地大声问他。

安徒生灵机一动觉得这倒是一个好机会,便回答道:

"我希望你先生能了解我悲惨的遭遇。"

寡妇听了,就睁大眼睛,直瞪着安徒生说:

"好吧,16个塔立尔算了,这是最便宜的了。"

就这样,安徒生安顿下来了,随后又立刻去找古碧尔先生。

古碧尔为安徒生联系学习拉丁文的学习学校。此后,安徒生又每周学习两节拉丁文。

妈妈:哥本哈根城内,山毛榉树的枝头,已经开始吐出嫩叶了。我们家屋顶上的玫瑰花,也已经含苞待放了吧?

由于我在奥登赛时,常在那些上流家庭里走动,因此,也就认识甘路边尔上校。现在,我就是靠了甘路边尔上校弟弟的帮忙才能在这里求学。

安徒生把写好的信,高高地举在手里,大声地嚷着:

"妈妈,不管怎样苦,我一定要尽力去克服它。"

"你有这种精神,真了不起呢!"房东老太太这样说了一句。

从这一天起,她像是变了一个人似的,对安徒生非常和善。不过,这16个塔立尔的房租钱,每个月还是要先付清了才能住。

安徒生常帮老太太做点事情,赚到了零用钱,就拿去买喜剧剧本,还买布来缝制一些纸人服装。这时,安徒生已经16岁了,他对于缝制纸人服装,越来越感兴趣。

为了购买各式各样的布,他常奔走于各家布店,收集零头布料。

他那间狭小的房间里,摆满了各式各样的纸人,纸人的身上,穿着各种颜色的服装,看起来,简直成了梦境里少女的房间。

安徒生一坐在这些纸人中间时,所有的苦恼与悲愁,就全都消失了。

55

为了艺术

※ 哥本哈根市政厅门前的安徒生雕像

　　一天，古碧尔嘴里衔着烟斗，微笑着对安徒生说："安徒生，我要给你介绍一个朋友，那人好极了，你可以和他见一见。"

　　"是谁呢？"安徒生不知道要给他介绍什么人，就歪着脑袋问。

　　古碧尔越发神秘地说道：

　　"林格伦这个名字，你知不知道？"

　　"当然知道啊。他是丹麦最有名的喜剧演员呢！"安徒生高兴得跳起来，这样回答。

　　"是的，这位林格伦先生，现在就在我家里。"古碧尔说。

　　"哇！"安徒生还以为是在做梦呢。在接待室里，果真坐着曾经在舞台上看过的林格伦。

　　"这一位，就是我刚才和你提起的那个打算做演员

世界童话之父——安徒生

的孩子。请你试试他，看他有没有做演员的天分？"

古碧尔这样介绍完后，林格伦很高兴地接受了他的建议。

这真是来得太突然了。安徒生都没做什么准备，在古碧尔的引介下，安徒生竟到了排戏的地方。

不过，到了那里，还是要经过一次考试。林格伦选择了两三个荷尔培尔作品中仆人的角色，要安徒生表演。

"你要演的这个角色，是一个小傻瓜，从这角色试演，大体上就可以知道，你是否适合做一个演员。"

安徒生这时紧张极了！在莎尔夫人面前，他已经有过一次失败的经验，这次，可绝不能再失败。

一开始表演就要他演一个仆役的角色，安徒生似乎没有充分的自信，就请求道：

"先生，要我演一个仆人，我没把握，我想，倒不如让我扮演爱仑修甘尔悲剧中考莱奇奥这个角色的好。"

林格伦听了，很惊异地笑了：

"傻瓜，你会扮演考莱奇奥那个角色？那个角色可有点难度啊！你说这话是真的吗？好，那你就把考莱奇奥在画廊里的独白，念给我听听看。"

安徒生很自信这个角色，他使出所有的本领表演完了以后，林格伦对他的评价是：

"安徒生，你的确有演戏天分，可是，你想当演员，那是想错了！"

林格伦一句话就把安徒生想演戏的热望打消了。他接着又说：

"你到底应该学什么呢？只有上帝知道。我看最好还是请古碧尔先生教你一点拉丁文。你只要肯用功学习，迟早总会走进学问的大门的。"

这是一个意想不到的结果。安徒生有些绝望了。

安徒生脑袋昏昏沉沉，像是被棍棒猛击了一下似的。

做学问是安徒生想也没有想过的。他是一心一意想演戏的。

安徒生把这番经过说给古碧尔听，古碧尔就笑着对他说："我想，这也许是上帝特地叫林格伦来提醒你的。"

可是，安徒生对于他憧憬的演戏这件事，并没有就此完全断了念头。

不久，舞蹈家达仑夫妇把他带到舞蹈教室时，他还以为这就是进入剧坛的第一步。古碧尔什么话也不说地站在那里。

安徒生在那里紧抓着一根棍

57

子，拼命练习伸腿缩脚的动作，却没得到任何赞许。

最后，他总算可以跟那些担任不重要的配角的女孩子们一起在布景后面等着演不重要角色的机会。

过了不久，安徒生终于要扮演一个配角了。别人也许不认为是什么大事。可是，这在安徒生看来，已经满足了他多年来的希望，他认为这是可喜的事。管他是什么角色，总算是戏里的一个演员了。安徒生高兴得眉开眼笑。

这出戏是由一本叫《亚美达》的剧本改编而成的芭蕾舞剧。安徒生担任里面一个小妖精的角色。当那一份印有"安徒生"名字的戏目单送到他手里时，安徒生真有说不出的高兴。

那天晚上，安徒生上床以后，还把那张印有他名字的戏单在灯光下翻来覆去地看，一遍又一遍地读着他自己的名字。

到了元旦那天，他跑到连人影也没有的剧院的舞台上，独自站在那里。

"我的上帝，请你保佑我，今年内一定要被派去担任那种开口说话的角色！"

他在那里大声祷告。

可是，春天是已经到了，达仑并没有派给安徒生任何一个开口说话的角色，这让安徒生大失所望。

安徒生不但没被派到开口说话的角色，而且，在参加一出叫作《萨波地方的小人物》的戏剧演出时，他特地穿上那套接受坚信礼的服装，一个平时对他没有好感的演员，临上台之际突然拉着他的手，走到舞台旁，对台下的观众说：

"现在，我要把这位有名的安徒生，介绍给大家！"

说完，一把把安徒生拉到舞台灯光下面，台下传来哄笑声。安徒生知道自己受人捉弄，局促不安，几乎瘫倒，他的眼泪刷地流了出来，赶紧跌跌撞撞地逃下舞台。

安徒生心想：不顾一切地离开了故乡，充满了信心，努力到现在，却被大家看成一个小丑！实在气人。

安徒生再也忍受不了啦，便跑到斐力德勒格斯卑尔山上去，在山上露宿了一夜。

太阳从东方升上来。无意中，他抬起头来看到阳光照射着树叶，一闪一闪的，真美丽！

"唉！"安徒生叹了一口气，心头苦恼得实在难以忍受。

不久，芭蕾舞剧《亚美达》开始排演。在这出剧里，安徒生演了一个小角色。

"安徒生，你大概是演第八

世界童话之父——安徒生

个，也就是最末一个特罗利（女妖之意）吧？"一个小舞蹈演员故意问他。

"哪儿的话，"安徒生容光焕发地说，"演第七个，你不是看了节目单了吗？"

安徒生穿的是一件旧紧身衣。扮演伙伴们的那些姑娘，在交头接耳地议论他。

"安徒生，你穿的紧身衣背上裂了个口子。"一个女演员故意吓唬他。

安徒生下意识地往后瞧了一眼，另一个女演员用大头针在他另一侧的腰上戳了一下。

安徒生回过头来瞪了她一眼，又一个小演员从背后踩了他一脚。他明白了，这些全是恶作剧，故意叫他难堪。不过，这点儿苦，在他看来算不了什么。

这出舞剧演出很成功。观众报之以经久不息的掌声。安徒生觉得这里面也有他微乎其微的一份功劳，心头有一种说不尽的幸福感。

不知道是什么原因，不久，安徒生的声音又好转过来。于是他便去参加歌唱训练班的考试，所幸及格了。于是，他便从舞蹈班转到了歌唱训练班去。

现在，他在戏里担任牧羊人和士兵等角色，这比以前扮演小丑像样得多。于是，剧院又成为安徒生活动的中心了。

为了艺术，安徒生的心里藏着多少屈辱，多少泪水啊！

安徒生一面全身心地学习表演艺术，一面又大量地阅读有关艺术的书籍。

可是，有一天，当安徒生在后台翻看拉丁文的书时，剧团团长走了过来，对他说：

"安徒生，你想当一个演员的话，拉丁文对你只有坏处，没有好处。"

从这时候起，接连两三次，一到学拉丁文的时间，安徒生就躲着不去。

古碧尔察觉了，很生气，他说：

"安徒生，你的想法错了。演戏是演戏，拉丁文是拉丁文呀！这样的玩笑，你完全可以不相信呀！"

但倔强的安徒生却不这样认为，于是，他就不能再在古碧尔身边待下去了。

"即使是一个被宣判死刑的罪犯，也不会体会到当时我所感受的苦痛吧。在精神方面，我简直被打垮了。"

后来，安徒生在他的自传里，写下了这段回忆。

"拉丁文已经学不成了。到这时候，我才深深地体会到，我这个人不靠人家好意的帮助，就一事无成！过去我是错了。一想到将来，我就感觉到我还缺少许多必要的东西。我一面悲痛着，同时也认真地思考着一切。"

　　尽管在那样困难的道路上打滚，在别人看来却还是像小孩般以一种不管天高地厚的心情过日子的安徒生，到这时候，才算深深觉悟了。

　　读书，开阔了安徒生的视野。在古碧尔的家里，安徒生已经由一个张着嘴傻哈哈的听客，变成一个能高谈阔论，有见解的"有识之士"了。因此，安徒生结识了许多有名望的人物。其中丹麦悲剧作家亚当·爱仑士雷革是安徒生最崇拜的人物了。

　　一天，正当安徒生沉迷于书海之中的时候，房东太太送来一封信，说："安徒生，你的信，是从奥登赛寄来的。"

　　"啊，一定是妈妈。"安徒生这样想着，就急忙打开来看：

安徒生先生：

　　这样冒昧给您写信，请您原谅！我，就是在您接受坚信礼那天，送玫瑰花给您的丁纳尔·洛恩。

　　"噢，原来是丁纳尔·洛恩小姐。"安徒生的眼前立刻浮现出坚信礼那天的情景。玫瑰花和丁纳尔小姐的形象清晰极了，就如同昨天发生的一样。收到这意想不到的来信，安徒生兴奋极了，立刻接着读了下去：

　　我听到安徒生先生在哥本哈根求学的消息，非常高兴。你的嗓子本来就那么好，又会编写剧本，相信在不久的将来你一定会有很大的成就。

　　随信附上一封介绍信，我想，这封信对你多少会有点帮助。有空的时候，不妨去看看她，她就是那个很有名望的政治家克利斯汀·高碧生莱的遗孀。

　　"太感谢你了，丁纳尔小姐。"落魄中的安徒生在心中默念了无数遍这句话。

　　幸运之神终于又光顾这个一筹莫展的穷小子了。从此，安徒生的一生起了重大变化。

世界童话之父——安徒生

考林的关怀

在丁纳尔小姐的引荐下,安徒生结识了那位夫人一家。她们家是文学艺术家常去做客的地方。一株命运的新芽,从这时候开始,便把安徒生一步步带进文学的园地里。

到了夏天,安徒生就和那位夫人,还有夫人的女儿,一起到山庄去。那时,诗人拉贝克也在山庄度假,夫人就和安徒生他们大谈戏剧、诗歌等文艺方面的问题。

※ 哥本哈根皇家剧院是安徒生实现梦想的地方

现在，安徒生越来越迷恋文学和文学创作了。他开始写诗，并朗诵给夫人听。夫人这样赞叹道：

"你是个诗人，也许将跟爱仑士雷革一样优秀！在十年之后，哦，当我不在人世的时候，请别忘记我！"

安徒生还是第一次听到别人称自己为诗人，心里美滋滋的。

莎士比亚的悲剧，爱仑士雷革的悲剧，都是用诗的形式写的。他决定尝试写悲剧。

于是，一篇悲剧故事又在他脑海里形成了。这是一个以奥登赛镇为背景的剧本。安徒生仅用了14天的时间，就完成了这部作品，给它起名为《维森堡大盗》。剧本一写出来，安徒生就马上带着剧本跑到夫人那边，读给夫人听。

"这个剧本写得实在好！一个没有念过多少书的人，竟能写出这样的作品来，实在了不起！"

当时，在座的一个大学生很惊奇地这样说。

这个大学生名叫戴意利，他虽然还是一个学生，可是已经写了一部《丹麦国民的传说》，他的诗生动流畅，早已享誉丹麦文坛。

"从现在起，要更加用功求学才好。"戴意利真心诚意地鼓励他。

可是，要继续求学，第一需要钱。钱的问题，使安徒生烦恼极了。

忽然，他急中生智，想起了自己刚刚创作完的剧本，"何不把它寄给皇家剧院，如果发表了，用这笔钱去上学呢？"

在写这部剧本时，安徒生翻阅了许多资料，也请教了不少名人。在安徒生看来，无论从哪个角度来审视这个剧本，都应是完美的上乘之作，完全符合皇家剧院的演出水平。因此，安徒生对这部悲剧的发表充满了信心。

安徒生把这个作品放在身边，他的心简直片刻也不能安定下来。

"要是被采用了……"安徒生在心头浮现种种幻想。

可是，对于这篇作品，安徒生有一点不放心的地方。那就是怕错别字太多，使人不忍细读。

如果先送给戴意利先生看一遍，那当然要好些。可是，他想匿名应征，等事后再让大家惊奇一下，所以，就不便把这个作品拿去请教戴意利。

安徒生终于下了决心，写信给丁纳尔小姐，和她秘密商量。

丁纳尔表示愿意帮忙，由她拿出钱来，请她认识的一个人把剧本抄写清楚后，送给皇家剧场

世界童话之父——安徒生

的经理。

稿子送出去以后,安徒生焦灼地等待结果。

可是,过了六个星期,严峻的批评简直就像把他推到地狱里一样。

"你这样肤浅的作品,今后概不接受!"

安徒生本来对这部剧本寄予很大的希望。没想到被剧院断然拒绝,还写了那样不好的评语。

安徒生又产生了被抛弃的感觉。可是已经17岁的他,像一块被炉火烧红的铁块,经过波折生活的锻打,已经变得更加坚硬了。

"我要一直写下去,直到被采用为止!"

就这样,他一面淌着眼泪,一面努力地构思。写得不好,擦掉重新再写。写好了再修改,终于又写了一篇名为《阿芙索尔》的悲剧。悲剧《阿芙索尔》历经30天,终于完成了!

他把这部剧本第一幕念给朋友们听,受到许多人的赞誉。年迈的克利斯汀夫人甚至感动得热泪纵横。她的一位当牧师的朋友还表示要写一封推荐信,把这部剧本推荐给皇家剧院。

尽管大家一致认为这是一部好悲剧。但是经受过打击的安徒生还是心有余悸。

这时,刚巧海军上将吴尔芙也住在山庄,彼得·吴尔芙是海员出身,性情豪爽,见多识广,酷爱文学。

一天清晨,安徒生前去拜访他。一进屋,安徒生开门见山就说:

"彼得·吴尔芙先生,您翻译过莎士比亚的作品,我非常敬佩您。我写了一个悲剧,可以读给您听吗?"

吴尔芙一家正在吃早饭,他亲切地说:

"别急,先坐下来一起吃早饭。吃过饭念给我听也不迟呀!"

"不,饭我不吃了,我急着听您的意见。"安徒生没有心思吃饭。

"你真是个急性子的人。好吧,请念吧!"

安徒生兴致勃勃地念起剧本来。一念完,就站起来问道:

"您认为我会成功吗?"

"你才写第一幕呀!如果你肯继续努力的话,说不定会慢慢地进步的。以后再来玩吧,我欢迎你。不会很快就全写完吧?"

"为什么不呢?"安徒生有点惊讶地说,"我马上接着写,两个星期就可以写好。再见了!"

吴尔芙感到很惊奇,但同时又

觉得这个小伙子很有趣，他温厚地笑了笑，继续吃早饭。

几天来，安徒生一直处于兴奋状态。朋友们对《阿芙索尔》的肯定，无疑是对自己才华的肯定，这种肯定是多么巨大的精神鼓舞！安徒生决心再出一本自己的作品集，包括前两部悲剧和一些小诗。

以上作品都是安徒生写作的尝试。他把它们编成一个集子。叫什么集子为好呢？就叫《尝试集》吧。署名吧？署个笔名吧，什么笔名为好呢？他热爱威廉•莎士比亚和华特•司各特，写作时深受他们作品的鼓舞，那么，笔名就叫"威廉•华特"吧。不行，还得把自己的名字加进去，叫"威廉•克里斯汀•华特"吧。他认认真真地在《尝试集》几个字下面署上了这个笔名。

出版作品集谈何容易！一个无名小卒必须征集50个以上的签名来做保证，出版商才肯出版。安徒生带着初生牛犊不怕虎的拼劲儿，跑遍了整个哥本哈根。他敲响了所有朋友的门，滔滔不绝地诉说自己的想法和《尝试集》的内容。有时候，安徒生还要给他们朗诵作品。

终于，在安徒生的不懈努力和朋友的帮助下，《尝试集》出版了。看着印着自己名字的崭新的书，安徒生心里甭提有多高兴了。

"该怎么庆祝一下呢？"安徒生数了数有限的一点儿稿费，"唉，就用它来饱餐一顿，慰劳一下长期干瘪的肚子吧！"

至于安徒生和著名的物理学家爱尔斯迪德和牧师哥德菲尔这两个人的相识，也是在这个时候。

这两个人对安徒生那不屈不挠的毅力，都极为佩服，并且非常同情。

"把这样肯努力的人丢在一边不去管他，那是一种罪恶！我们两人来给剧场写封推荐信吧。"

于是，他们两个人就联名推荐，把安徒生《妖精的太阳》这个剧本，送到皇家剧场的事务科去。

知识链接

哥本哈根

哥本哈根是丹麦的首都、最大城市及最大港口，是丹麦政治、经济、文化中心。坐落于丹麦西兰岛东部，与瑞典的马尔默隔厄勒海峡相望。面积为97平方千米。哥本哈根是北欧名城，也是世界上最漂亮的首都之一，被称为最具童话色彩的城市。

而且爱尔斯迪德还马上去看望剧场的经理约诺斯·考林，当面拜托他。

在当时的丹麦，约诺斯·考林是一个非常重要的人物。他是丹麦农业开发方面的先进人物，也是枢密院顾问。他不但做事很能干，而且品格高尚，很受丹麦国民的敬佩。

自从来到哥本哈根以后，安徒生见过不少有名人士，他们也给过他很多帮助。而考林的赏识，更是他一生最大的转折点。

《阿芙索尔》送到皇家剧院经处理之后，考林先把它交给拉贝克来裁判它的文学价值，他是剧院经理处的艺术行家。

今天，拉贝克带回了《阿芙索尔》，翻开扉页，"汉斯·克里斯汀·安徒生"的名字映入眼帘。

三年前，他曾拒绝这个穷孩子想当演员的要求，后来，常常从友人那里听到对这个年轻人的夸赞，也许，这是个有志气的年轻人，拉贝克默想着。

"可是，单凭勇气和热情是不能写出好作品的，创作需要文化，要有灵性……"拉贝克一边想着，一边打开剧本，和往常一样，严肃认真地看着，可刚读了第一页，他那细小的鼻子就已经不满地皱了起来：陈词滥调，词不达意，文理不通……和现在的许多年轻人一样，冒失，浮躁。看来，他干文学这一行也不行呀！

可是，再往下读，他那张阴郁的圆脸就逐渐舒展起来，读到最后，他的脸上甚至绽出了笑容。不错，这小伙子是块材料！

眼睛锐利、嗅觉灵敏的拉贝克像在混沌之中发现了小粒的金子。

不过，到了顶点要是滑倒的话，就再也没有第二个顶点了。换句话说，机会不会有两次的。

到了哥本哈根已经三年了。对于这一点，安徒生当然很清楚。

因此，当他第一次去拜访考林的时候，心情从来没有那么紧张过。

在这座曾经是西班牙大使馆的豪华宅邸的正中央，有一株大树，那苍翠的枝叶，把整个院子都笼罩了。

这一次见面，考林很少说话。关于《妖精的太阳》剧本的问题，他只淡淡地说：

"是的，我看过了。"

就这样简单一句。

从这宅邸出来以后，安徒生掉下了两行泪水。

事实上，这一天，那个态度严肃、人格高尚的考林，对于安徒生已经有点儿赏识了。

考林为了使安徒生的生活和求

学能够同时解决，便向丹麦国王菲力德烈克六世推荐安徒生为贷款学生。丹麦国王马上就批准了考林的推荐。安徒生听到这个好消息，大吃一惊。当时他真不知如何表达心里的感激。

从此，安徒生每个月可以领到一笔不小金额的费用。同时，由于考林的帮忙，教育机关也给安徒生一个斯兰甘塞尔的拉丁文学校贷款生的资格。安徒生真是做梦也想不到！他从来不敢梦想他会这样幸运，受到这么多人的照顾。

"考林先生实在是我的第二个父亲！他的孩子，也就成了我的同胞兄弟了。"

安徒生在自传里这样写着。

不过，《妖精的太阳》这部悲剧，又以不适宜于舞台表演为理由，被退了回来。但是，这一次的批评和上次不同：

"在这个作品中，藏着很多金砂。作者将来很有希望，要是能够认真地学习下去，在学校里完成学业，多多充实戏剧方面的专业知识，以后，一定能够在丹麦的舞台上发表杰出的作品。"

得到这样一个鼓励的批评，安徒生内心的激动，已经不是言语所能够表达的了。

他又再次去拜访考林。考林的话比上次多了些，但还是非常简短。他诚挚的态度，已经深深印入安徒生心坎，使他简直无法抑制住那感动的热泪。

安徒生临走时，考林对他说："有什么需要，你尽管写信来告诉我。同时，今后你的生活情形，也一样要经常告诉我。"

"从这个时候开始，我已经在他的心里埋下了根。世界上没有一个人，会像他那样关心我的幸福，也没有一个人会对我的成功那样地欣慰。我想，即使是自己的父亲，也不过如此吧。他对我的礼遇，使我没齿难忘。"

安徒生后来在他的自传中写下了这样一段文字。

开学的日子到了，安徒生要到斯兰甘塞尔去进拉丁文学校。

妈妈：今天是我进拉丁文学校的日子，要是爸爸和老祖母都能看到的话，那有多好！可惜，这已经不可能了……

安徒生写了封充满喜悦的信给他的妈妈后，就带着对美好未来的憧憬，立刻出发到斯兰甘塞尔去了。

崭露头角

拉丁文学校

这一所拉丁文学校,设在斯兰甘塞尔的一座小山上,从窗口望出去,在山毛榉林旁边,可以看到一架架风车。

1822年10月,秋高气爽。一辆四轮子车从哥本哈根出发,驶向远郊小镇斯兰甘塞尔。安徒生兴奋地看着车外的一片秋色,耳边还回响着监护人考林先生的话:"这里的教会学校刚任命了新校长,他是一位有名的翻译家,偶尔还写诗歌和悲剧……"这对于17岁才读书的青年人安徒生来说,是多么合适的指导教师啊!

车很快就到了斯兰甘塞尔镇,安徒生跳下马车。

安徒生寄宿在一个寡妇家,他住的小屋面向田野,窗外有座小花园。

花园里,开满了郁金香,可是,树上黄叶稀疏,显出无限静寂。安徒生目不转睛地凝望着晴空,因为太幸福了,心中反而充满了感慨。

第二天,安徒生带着考林的介绍信去见那位有名气的校长。临行前,安徒生特意带上自己的几首诗和悲剧《阿芙索尔》。他想把这些作为师生见面的礼物。

安徒生满怀热诚地敲开了校长家的大门。一进门,他就热情地向校长表白他渴望读书的愿望。

图说名人

名人名言

当我还是一只丑小鸭的时候,我做梦也没有想到会有这么多的幸福!

——安徒生

谁知，校长先生只是匆匆瞥了他一眼，然后毫无表情地打断了安徒生热情的倾吐。

"够了。我明白……据我所知，你已经向考林先生做过保证，全力以赴学好校中一切课程。是否如此？"

"是这样，校长先生。我渴望提高文化，增进知识。我也想在学好功课之余进行创作……"

"算了。"校长用严厉的语气训斥起来："你这种年纪怕的就是无法跟上课程，还想搞什么创作，简直是笑话。"

安徒生惊呆了，没想到校长竟然这么反对自己进行创作，这才刚刚开始呀！想到以后的日子，他简直不寒而栗了。于是，他怯生生地拿起剧本，匆匆告辞了。

接下来，新的学生生活就开始

※古老的风车载着安徒生的梦想

世界童话之父——安徒生

了。安徒生进的是倒数第二班，和他同班的同学，都比他小三四岁。因为他没有受过学校的正规教育，所以只好编到低年级的班级里去。

虽然如此，他已经非常满足了。

文法、地理、数学等各种学科，一样又一样地弄得安徒生茫无头绪。他像掉进泥淖里一样，拼命挣扎，却越陷越深。

在他极力努力下，各学科终于都有了头绪。

安徒生到学校后，努力和同学们交朋友，他的同学都是十一二岁的孩子，可安徒生已经17岁了，长得又瘦又高，历史课老师半开玩笑半认真地对他说：

"你简直可以一截两半，当作两个学生。"

同学们年纪小，很淘气，安徒生跟他们交朋友实在不易。

有一天，坐在他邻位上的一个也是从哥本哈根来的同学，名字叫作马罗波的，笑着对他说：

"安徒生，你这个人也真怪，特地要国王拿出钱来，跑到这里来活受罪，我是迫不得已，被父亲打了屁股，才无可奈何到这里来鬼混的。我们还是看看草台戏吧！"

一听到"戏"这个字，安徒生的心，立刻就被打动了。

"这里有草台戏？"

"有，这镇上的戏演得还不错，很值得看。而且，不管他演得好不好，我们学校的学生去看的话，街上的女佣都很高兴跟着我们混进去！"

马罗波半真半假地说。

斯兰甘塞尔是一个小镇，镇上一个英国式的消防队和一家图书馆，算是这镇上最有名的设施。当地的绅士，事实上不过是五六个骑

知识链接

冰河时代

冰河时代也叫作冰期，是地球表面覆盖有大规模冰川的地质时期，所以又称为冰川时期。两次冰期之间为一相对温暖时期，称为间冰期。地球历史上曾发生过多次冰期，最近一次是第四纪冰期。地球在40多亿年的历史中，曾出现过多次显著降温变冷，形成冰期。特别是在前寒武纪晚期、石炭纪至二叠纪和新生代的冰期都是持续时间很长的地质事件，通常称为大冰期。

兵将校，所以，拉丁文学校的学生在当地吃得开，那是当然的了。

"那就请你带我去吧！"

安徒生就和马罗波一起到小屋子里去看戏。

在一座小屋子旁边的田里，有一头母牛在哞哞地叫。就在那头母牛前，街上的一些青年男女正在化妆，准备登台演出。

安徒生的脑海里，又浮现起他在哥本哈根时经历的种种情形。

"我也在舞台上演过戏呢。"安徒生对自己说。

舞台上，《仙履奇缘》中穿着美丽绸衣的辛德里拉，正婆娑起舞。安徒生在莎尔夫人面前表演过的就是这一段戏，所以他看得特别专注，后来，他还把这个小戏班的情景，详细地描写在他的《无画的画贴》里。

马罗波还常常带着安徒生上街去玩。安徒生尽管不喜欢，但因为好奇，终于和马罗波亲近起来。

可是，马罗波以外的同学们，根本不把安徒生放在眼里。

这可以说，因为安徒生在这里读书是由皇家供应费用，才引起大家对他的嫉妒与反感。

同学们常拿他开玩笑，搞恶作剧。他不得不一本正经地劝他们不要这样。可他们居然吓唬他说："你这个高树筒子，要当心的倒是你自己。"

可是安徒生从来不计较这些，遇到这种情形，他总是友好地一笑，然后继续读书。当同学们有困难的时候，他也总是很热心地帮助。这样，没过多久，他跟小朋友们就相处得很融洽，大家喜欢听这个来自奥登赛的瘦高个大同学讲那些奇妙有趣的民间故事。安徒生的宗教课、历史和丹麦语文都学得很好，受到老师表扬。同学们一个个要求他帮助写作文，同时还不忘提醒他："别好到太显眼就行！"

同学们则帮助他补习拉丁语、

世界童话之父——安徒生

希腊文。

不过，使安徒生感到最苦恼的，是校长对他的冷嘲热讽。

校长总是穿着一套宽大的衣服，鼻梁上架着一副金边眼镜。有一次，校长问安徒生：

"喂，安徒生，你比同学们早吸到地球上的空气好几年呢。像这样的问题，总该懂了吧。丹麦为什么没有高山？为什么只有平原？"

安徒生听了很惊慌，可还是这样回答了：

"我想，这大概是受了从前冰河时代的影响吧。"

"那么，我再问你，丹麦的平原，平均海拔有多高？"

"500米。"

"傻瓜！我国最高的巴波奈荷意山，也不过170米高。"

安徒生只好缩了一下脖子，不再作声了。

对于这位校长先生讲的话，安徒生简直像鬼神的诅咒一样的害怕，而且，他对安徒生，从头顶到脚趾头，没有一处不挑剔。

安徒生真是受够了。他回到宿舍，战栗着双手，给他的保证人约诺斯·考林先生写了一封信：

"我怎能辜负您的好意呢！可是，每天这样被人家口口声声骂我是傻瓜，真使我没有脸再见您。我实在惭愧得无地自容。

我到底该怎么办才好呢？"

考林看到这封信，非常惊异，立刻回信给他：

"振作起精神来，好好用功吧。"

回到家里，安徒生就废寝忘食地学习知识。首先完成当天作业，把不会的地方搞明白，而后预习新课，把自己需要记忆的地方先记住，暂时不懂的地方用铅笔打个小问号，以便上课时细心听讲，做好记录。

早晨，窗外的小花园里，安徒生在弥漫的雾气中读拉丁文。

万籁俱寂，房东的几个女儿早已停止了说笑，女主人也放下手里的毛线活儿休息了，安徒生还在微弱的灯光下学习。

第一个学年过去了。安徒生的努力终于有了结果，他取得了优异的成绩。除希腊文是及格外，其他课程都是优秀。连校长也不得不写下赞美的评语。这一天，安徒生真有说不尽的高兴。

有一次，刚好学校放假三天，

"啊，真想见见考林先生，亲口向他报告这个好消息呀！"于是，安徒生鼓足了勇气，回到哥本哈根考林先生的家里。

"安徒生哥哥，你可回来了！爸爸等你好久了，还有……"考林的小儿子爱德华，一看见安徒生回来，就跑过来抱住他，喋喋不休地说道。

一看见坐在屋中的考林先生，安徒生禁不住泪水直流。

"噢，是你呀。安徒生，你终于回来了。身体好吗？"父亲般的考林关怀地问他。

"嗯，还好，这……这是我的成绩册。"安徒生用颤抖的双手，将成绩册捧到了考林先生面前。

"啊，不错嘛。"看到安徒生成绩优异，考林先生不禁面露笑容，"好了，去带爱德华出去玩吧！"他笑着对安徒生说道。

考林完全改变了平时的态度，说话的声音也非常柔和，流露出一片深挚的父爱。

安徒生因为太感激了，便在考林面前扑通一声跪了下来。

歇了一会儿，他走到外面阳台上，和爱德华还有其他的弟妹们，很高兴地玩了起来。恩人约诺斯·考林的家，对于安徒生，已经像自己的家一样。

诗人古碧尔也热烈地欢迎安徒生。他嘴里照常衔着一根大烟斗，说："安徒生，那位喜剧明星说对了吧！学问比演戏更重要呢！"

日子就这样飞快地过去了，这不，暑假又到了。安徒生得到了回家探亲的机会，当他快到奥登赛，老远就望见圣·甘诺教堂塔尖，这时，他止不住泪流满面。已经显得苍老而衰弱的妈妈，抱住儿子欣喜若狂。她扶着儿子走过狭窄的街巷。一个鞋匠的穷孩子，能够得到皇家公费去上学，这是多么荣耀又是多么出乎意料的事情！许多人家打开窗户，指指点点："瞧，鞋匠老婆玛丽亚和她的儿子！"当他走在街上时，镇上的人都打开窗户来欢迎他。"安徒生，你现在是多么幸福呀！"妈妈感动得落下了泪水。

这时的安徒生，简直就像迈入了天堂。

世界童话之父——**安徒生**

《临终的孩子》

盼望着，盼望着，终于放假了，安徒生像逃出牢笼的小鸟一样，飞回到了考林先生家。

读者朋友们，你们还记得安徒生几年前把自己的作品《阿芙索尔》朗读给吴尔芙上将听的事情吗？从那以后，安徒生就和吴尔芙一家成了好朋友。每次安徒生到吴尔芙上将家拜访时，上将总是热诚地款待他，上将夫人也像亲生母亲一样关心他。

上将的官邸，是在欧马莲波尔宫领地里，他们把面对着广场的一间房子，让给安徒生住。

这天，看到安徒生回来了，吴尔芙对他说：

"安徒生，我们今晚要为你举行一个盛大的晚宴。至于怎样计划，那就全部让我一个人安排好了。"

安徒生听了，心里非常感激。

到了晚上，大厅里灯火辉煌，三五成群的客人，先先后

※哥本哈根市政厅门前高柱上的安徒生童话人物

后地到来。

作曲家华意滋也到了。当安徒生初到哥本哈根的时候,曾在皇家音乐学校校长西博尼家里和他见过一面。

另外,还有一位安徒生有点眼熟的绅士,带着一位美丽的小姐走了进来。

可是,这位绅士到底是谁?是在什么地方见过的?安徒生一时想不起来。他就去问吴尔芙。

"等一会儿,我会给你介绍的。"

吴尔芙只是笑着这样回答。

华意滋站了起来,走到钢琴前,弹一首即兴曲,博得满屋掌声。吴尔芙也朗诵了他自己翻译的一首拜伦的诗。

"好,安徒生,这一次轮到你朗诵自己写的诗了。"

吴尔芙这样催促。

安徒生就拿出他早就预备的一首《临终的孩子》,朗诵了一遍。

妈妈,我疲倦极了,很想安睡,妈妈请把我抱在怀里,让我睡个好觉;不过,妈妈,你可不能哭,我得先跟妈妈说好。妈妈的泪,掉在我脸上,简直如火一般热燥,尽管这里是这么寒冷,外面是有暴风雨在呼啸。可是,梦里的世界,竟是那么美好!当那双疲倦了的眼睛闭起来的时候,可爱的小天使,总在眼前舞蹈!妈妈,我看到了就在我身旁的天使,天使的美好音乐,也隐约听到;你看,你看那两只美丽的翅膀,那是上帝的厚赏呀!碧绿、橙黄、火红的各种颜色,在我眼前闪烁,这是天使们撒下的鲜花呀!妈妈,在我活着的时候,或者在我去世以后,也可以要到那样一对翅膀!妈妈,你为什么按着我的双手?为什么把脸颊紧紧靠着我的脸颊?你的脸颊,已被泪水湿透,也像烈火般在燃烧!妈妈,我是永远属于你的;好了,别再叹息,妈妈一哭,我也就要放声号响。唉,我疲倦极了,眼睛也睁不开了,妈妈,你看呀,天使在亲吻我。

他一朗诵完,屋里立即响起一阵热烈的掌声。安徒生的脸不禁红了起来。不过,他的心里却像就要飞上天际般的高兴。

"喔唷!安徒生,你的诗,写得实在好极了!"刚才那位好像曾见过面的绅士边说还要和他握手。

这时候,安徒生简直就要流出感激的热泪来。他心里想:"这位绅士到底是谁呢?"

"哎哟,原来就是欧伦施莱厄

世界童话之父——安徒生

先生啊！"

安徒生终于想起来了，这一来，他紧张得连站都站不稳了。

安徒生和这位欧伦施莱厄先生从前曾见过一面。后来又在报纸杂志上见过不知多少次了。他，就是被称为"斯堪的那维亚诗王"，并且一手创立丹麦国民文学的伟大人物。

所以，安徒生受到他的推崇，自然是受宠若惊了。

吴尔芙看到安徒生那副神情，便笑着走过来："现在，给你介绍这位夏绿蒂小姐。"

说着，那位小姐已站在他的面前了。这真是说不尽有多美妙的一刹那。

几天后，安徒生带着美好的回忆，回到了梅斯林校长身边。

梅斯林不知怎么听说了这件事。一天晚上，当安徒生全神贯注地读一本书的时候，梅斯林门也不敲地就走了进来。

"让我看看你写的那首诗，安徒生。"他说。

安徒生知道梅斯林非常讨厌他写诗，紧张得颤抖起来。

"我听别人说，你这首诗写得很好，"梅斯林继续说，"如果你的诗真写得好，我就不阻止你写诗了。是的，如果你有一丁点儿才华，我也不再责备你写诗了。"

安徒生终于有了一线希望，因为这是他写得最好的一首诗，朋友们都说他有才华。

他默默地把《临终的孩子》交给梅斯林先生，惶恐地等着他的评判。梅斯林把诗浏览了一遍，脸上流露出鄙夷的神情。

"你把它叫作诗？"梅斯林吼道，把诗稿揉成一团扔到地上，"胡说八道！全是多愁善感的废话！你的恩人叫你好好学习，你却浪费时间写这种歪诗！你这自命不凡的白痴！该把你关进疯人院才好！"

安徒生这时可真是绝望到了极点。

他心里想：无论如何，非离开校长不可！

不过，尽力照顾他的考林，是不是会为他解脱这痛苦呢？

这年冬天，有一位青年教师威林到黑尔辛格尔中学，了解到安徒生的真实情况，发现这个少年的身心健康受到严重损害。回到哥本哈根他把情况报告了考林，说："应该叫安徒生尽快摆脱梅斯林，可以另外委托一位学者辅导他参加大学考试。别让这孩子被毁了！"

考林这时才彻底明白安徒生的不幸遭遇，于是就把他叫回哥本哈根来。

安徒生非常高兴，临走时他紧紧握住威林的手说："您搭救了我，您就像童话故事里的神仙，把孩子从虎口里救了出来，我至死都感激您！"

当他向校长告别时，校长认为这是最后的机会，便又怒气冲天地大骂起来：

"像你这样的人，休想考进大学！至于那样的诗，只配放在书店的仓库里发霉！你记住，你一定会误入歧途，永远成不了大器！"

安徒生拎着行李，带着这样的临别赠言，永远地离开了梅斯林的家，回到了哥本哈根。

几年后，安徒生又在哥本哈根碰到这位校长。当时，安徒生《即兴诗人》已经发表了，他的声望也很高了。

因此，校长看到安徒生，立刻紧握着他的手，向他道歉：

"我真的是错看了你，请你原谅！"

"哪里的话！现在我回想起来，要不是校长先生的严厉管教，我不会有今天的。"安徒生很高兴地回答。这些当然是后话了。

※ 安徒生的童话故事陪伴着许多小朋友的成长

世界童话之父——**安徒生**

不同的声音

一切都很如意，安徒生顺利地通过了两次大学考试。他大学毕业了，现在，他已有权力去谋取哲学副博士的学位了。以后，他就可以结束在校学习，去当律师、教师或者按选修专业继续深造。

他虔诚地请教考林，考林说："按照你所选择的道路走下去吧！"得到考林的支持后，安徒生更加废寝忘食地进行创作。1830年，安徒生的新诗集

※安徒生带给了孩子们一个个欢乐的童年

《幻想与画像》问世后，受到读者热烈的欢迎。诗集后面还附了一篇童话《鬼》。这篇作品，已使他的童话才华初露锋芒。

安徒生的作品在社会上引起强烈反响，各种各样的批评也铺天盖地而来。

"安徒生的作品中，讽刺太多了。这种讽刺，并不是真正的文学。他不会有什么前途可言的。"有人这样批评道。

因为海堡的提拔而崭露头角的安徒生，后来又出人意料地接连发表了几部很有分量的作品，这么一来惊动了文坛人士，心有不甘的人便开始攻击他。

"他破坏了丹麦优雅的文学传统！"

"他玷污了纯洁的语言风格！"

"这么一个缺乏深厚文化教养的人，怎么可以跻身作家、诗人之群？"

"一个缺乏教养的人，还配谈论如此复杂的问题吗？"

"别想学爱仑士雷革的样子，他永远不能和爱仑士雷革同日而语、相提并论。"

一天，安徒生正在看报纸，忽然看到一首写给自己的匿名诗：

骑着一匹既瘦且跛的毛驴，
安徒生奋力驰骋。
变酸的幻想的酒呵，
他的诗篇就在其中发酵，
诞生……

像这样非驴非马的批评，很明显是出于妒意了。

尽管批评得不公平，可是，这种批评倒很受欢迎。

"诗也好、文学或艺术也好，怎么可以随随便便遭受摧残呢？人，实在不可缺少清高和纯洁这两种素养。"这时，安徒生心里非常沉闷。"我实在犯不上去伤这样的脑筋，还是去追求更崇高的永恒之美才对。"安徒生这样鼓励自己，可是，这个决心立刻又动摇了。

安徒生本来单纯厚道的性格，忍受不了这种暗晦的气候，心里纷乱如麻，坐在他的小阁楼上，尽管四周静寂无声，他却安不下心来，难以提笔。

德国走一遭

童话的源泉

◇ 图 说 名 人 ◇

安徒生实在忍受不了那种恶毒的批评，便去看望考林，诉说他心头的苦闷："我看还不如去研究神学，当个牧师算了。"

考林听了，大惊失色！他一直以为安徒生非常坚强，虽然一再遭受挫折也不屈不挠。没想到，这个勇敢的孩子也在环境的压迫下低头了。

"安徒生，既然这样，我看你还是出国去，到德意志去走一趟，从国外看看丹麦的文坛，你看好不好？这样，或许你可以找出一条新的生命之路。"

安徒生听了点点头，眼前似乎展开一条新的道路。

"好，我不但要去德意志，看看美丽的景物，而且要在人和自然之间构建一个清新的世界。"安徒生这样想。

安徒生的德意志朋友中，有一个叫奥勒拉·莱曼的诗人，后来成为德意志的大政治家。安徒生就去找莱曼。莱曼一看到他，非常高兴地说：

"来，安徒生，我朗诵一首德意志大诗人亨利区·海涅的诗给你听听。"

海，
海，
那永恒的海原！

名人名言

凡是能冲上去、能散发出来的焰火，都是美丽的。

——安徒生

安徒生听了这首诗，内心非常激动。

"就是这样，就是这种大无畏精神！海涅从他灵魂深处宣泄出诗句。只要有这样的精神，还有什么可怕的呢？"

后来，安徒生到外国旅行时，曾在巴黎见到海涅，这个感觉就更深刻。

当时的欧洲，早从19世纪初期起，浪漫主义已经取代了古典主义，在文艺方面显露出浓厚的浪漫主义倾向。

当然，由于各国情形不同，彼此的创作倾向也不尽相同。但是，所有古典主义呆板的创作规则和结构都被摆脱掉了，而以追求自由为第一。

这个文艺新倾向，实际也就是自我解放，同时，也可以说是对于美的憧憬，这也是抒情主义最可取的地方。

当时英国的诗人，有华兹华斯、布莱克、司各特、振伦、济慈等，真是人才辈出。在德意志方面，则有诺瓦利斯、霍夫曼、蒂克、布伦坦诺、格林兄弟等，都是浪漫派的健将。

在法国，也出了拉马丁、雨果、斯丹达尔、梅里美、乔·治桑、贝蒂等浪漫派著名作家。

当然，丹麦也不例外。安徒生的老师，被誉为"斯堪的那维亚诗王"的欧伦施莱厄，也在浪漫派中占有重要地位。

安徒生就是在浪漫主义的花朵开得最为绮丽的19世纪中叶，开始在文坛上崭露头角的。

后来，事实证明，安徒生确实在多次的旅行中，酝酿出许许多多成功的作品来。

1831年的春天，安徒生动身到德意志，开始他第一次的海外旅行。

这是安徒生第一次出国旅行，一切都使他感到新奇，看到了许多新鲜事物。游览不伦瑞克时，感到这个世界如此新奇地展现在他面前，他像欢迎候鸟似地迎回了愉快

知识链接

海　涅

海因里希·海涅，又译亨利希·海涅，1797年12月13日－1856年2月17日。生于德国杜塞尔多夫，德国著名诗人，代表作有长诗《德国，一个冬天的童话》、诗歌《西西里亚织工》、论文《论浪漫派》。童年和少年时期经历了拿破仑战争。

世界童话之父——安徒生

的心情。

虽说是国外，不过，德意志还是和丹麦接壤的，这两个国家的作家，彼此素来都有很深的友谊，殷盖曼就先写信把安徒生介绍给蒂克。同时，物理学家爱尔斯迪德也为他写了一封介绍信给沙米索。

安徒生首先访问旅居在屈莱斯顿的蒂克。

"祝福我们的诗人安徒生，前程无量！"蒂克紧紧握着他的手说。

蒂克是德意志浪漫派中数一数二的大诗人。

安徒生一面凝望着那对充满柔和光辉的蓝眼睛，一面淌着感激的热泪，走过去和蒂克握手。

"我来朗诵一篇莎士比亚的《亨利四世》给你听听。"

蒂克说着，拿出他翻译的这本书来，读给安徒生听。

至于沙米索，则是一个很有威严的绅士，他亲自开门出来迎接安徒生。

"先生，这是我的两本不像样的作品，请您指正吧！"安徒生把他的《徒步旅行记》和《幻想与画像》两本诗集送给沙米索。

沙米索是懂丹麦文的。他马上从这两册诗集中，译出了几首，介绍给德意志文坛。

而且，沙米索还在一本杂志上，这样介绍安徒生：

机智、幻想、诙谐、朴素，安徒生的作品兼含了这几种使读者回味不尽的风格。特别是他懂得用一种轻松生动的笔调，毫不费力地把生命灌输到小人物或风景中去。

从此，每逢安徒生有新作品问世时，沙米索总会发表评价文章，推崇安徒生——他成了安徒生的知交。

安徒生到邻国德意志旅行，算不上远途旅行。可是，这次旅行，对他的一生，有了很大的影响。他的诗在国内受到不公正的批评，而在德意志却备受推崇，他的欣喜之情，正和他到了德意志第一次看到山时一样高兴。

丹麦是平原国家，所以安徒生从来没有看过山。当他看到雄伟的、从正中央贯通德意志全境的绍林吉山脉时，郁积在他心头的苦闷，立刻消失得无影无踪。

他一回到哥本哈根，就把这愉快的情形，向考林报告。后来，又写出《绍林吉游记》和《旅途幻影》这两本书来。

恶意的批评

在丹麦，他仍然受到攻击，这时的安徒生变得坚强了，他要战斗下去。

"听到了吗？安徒生两年出了四本诗集，他写东西就像打呼噜一样方便！"

"到德国走了一遭，在那儿写了些不伦不类的玩意儿。"

"到处闲逛，胡思乱想，不求实际！"

"与其到处瞎逛，还不如在家里好好学点儿有用的东西呢！"

恶意的中伤，犹如狂风暴雨，一齐向安徒生

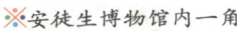
※安徒生博物馆内一角

世界童话之父——安徒生

袭来。

这时，安徒生已经不去理睬那些恶毒的批评，只管继续不断地写诗。

有一次，作曲家华意滋当面对他说：

"我很欣赏你的诗，当你还是小孩子时，我在西博尼家一看到你，就相信你将来一定在某一方面有所成就。现在，事实证明我并没有看错。"

接着他又说：

"我打算把司各特的一本叫作《凯尼渥尔斯》的小说改编成歌剧，你可不可以替我写个剧本？"

这真是安徒生意想不到的。丹麦数一数二的作曲家，竟来请安徒生编剧了。这件事，对一个艺术家来说，是非常值得兴奋的事。安徒生很感激。正好他也需要钱用，因此他一口答应了。

正当他要动手写的时候，听到有人说他的坏话：

"安徒生为了急于成名，竟打算把那样有名的小说改成剧本。这等于是借别人的声誉来撑面子！"

安徒生听了很难过。这比他的诗受到人家恶毒的批评更难过。

华意滋却不断安慰安徒生：

"管他呢，他们要讲闲话，尽管让他们去讲好了，你还是写你的！"

恶意的批评，并没有到此为止，有一个叫作亨利克·海尔滋的批评家，在他自己出版的一本叫作《灵界通讯》的书里，猛烈地骂起安徒生来：

"安徒生是一个连文字也搞不通的诗人！只要看看他作品里的文字有多少错误，就知道了。"

而且，还用"圣安徒生先生"这个称号，来侮辱安徒生。

主持《快报新闻》的哈亦贝尔，也抱着一种幸灾乐祸的态度，保持沉默。安徒生几乎被骂得哭了出来。当时，有一个叫作鲍当·梅勒的抒情诗人，他的作品简直像天上的明星那样闪亮。批评家们都把他捧得高高的。

这与安徒生恰成强烈的对比。

鲍当·梅勒写起诗来，专门模仿英国诗的风格。

安徒生当然不服气，马上出版了一本题为《献给丹麦诗人》的诗集。

他用几行诗，刻画出丹麦诗人的特色。当然，安徒生只提出他们的优点。想不到，这诗还是引来恶意的批评。

第二次旅行

这时候，有一个传闻，说丹麦政府要以公费送亨利克·赫茨出国留学，而且，还是到欧洲文艺中心地——巴黎、罗马去留学呢。

正好安徒生新近出版了一本诗集——《一年中的十二个月》。他的朋友爱德华·考林给他出了个主意。

"你把这本书送给国王，"熟悉宫里规矩的爱德华说，"告诉他你是谁，如何刻苦努力完成大学学业，现在需要出国一次，积累文学的知识来为祖国服务，他如果高兴时，你就把写好的申请书送给他。"

安徒生感到这样做很可笑，但又没有别的办

※安徒生的出现总是伴随着他的童话故事。图为纽约中央公园内的安徒生雕塑

世界童话之父——安徒生

法,只好这么办。他带着他的诗集《一年中的十二个月》去拜谒国王。

"你有什么事?"国王慢慢地走到他跟前问道。

"我……我带来了一组诗集献给陛下。"安徒生心里怦怦直跳,说道。

"一组诗,你这是什么意思?"

"是歌颂丹麦的一些诗!"

"是歌颂丹麦的!"国王笑逐颜开地说,"好呀,太好了。谢谢。"

"我历尽艰辛才有今天,现在我想扩大知识,想去国外旅行……"安徒生终于壮大胆子说出心里话。国王被青年诗人的坦率所感动,把申请书拿走了。

他马上请欧伦施莱厄等几位有名的诗人,写了介绍信,送到留学生推选委员会去。

结果,很顺利地就通过了。1833年4月,29岁的安徒生从哥本哈根搭船出国了。

"这一次,最好让我在远离丹麦的土地上死去算了。要不然,上帝啊!就请你把我锻炼成一个担当得起重大责任的坚强的人,再重新回到祖国来吧。这样,我就可以和至诚爱护我的人们,高高兴兴地相处,同时,也能写出一些有价值的作品来。"安徒生临出国门的时候,心里这样默祷着。

就在这时候,船长微笑着拿出一封信来,说:"这封信,是刚才从天空中掉下来的!"

那是考林写给安徒生的一封作为临别纪念的信。安徒生非常感谢,他的情绪也激动起来。

当船慢慢地向前移动,沿途风景也渐渐改变的时候,第二、第三、第四封信接二连三地从船长手中送过来,到最后,还送来一束鲜花:"这回,又从空中掉下来这一小束鲜花!"

安徒生真是感激万分。原来,这都是他的好朋友,为了激发安徒生的勇气,悄悄拜托船长送过来的。

"敌人越多,帮助的人也就越多。"安徒生遥对着已经看不见的哥本哈根的塔顶,不禁落下眼泪来。

旅途颠簸,十分疲劳,他来到皇宫附近一家旅馆,定了房间,倒在床上,就进入了梦乡。突然一阵喧嚣声把他惊醒。他走到窗前,对面大楼里一大群人蜂拥而出。在呼喊声中,掠过一阵闪光。安徒生以为是发生火灾了,或者爆发起义了。他问侍者,这是怎么回事。

"这是打雷。"一个男侍者说。

"打雷！"一个女侍者也这么说。

没想到来到巴黎的第一晚，竟是被雷声惊醒的，安徒生想着，不觉笑了。

在巴黎，安徒生热诚地结识了文化界的名人、诗人、剧作家、芭蕾舞名角、音乐家……他们亲切地交谈，平等自由地介绍文化信息。安徒生欣幸地得知，德国大诗人亨利希·海涅已移居巴黎了！

一天晚上，安徒生参加了"文学欧罗巴协会"举办的晚会，巴黎文化界知名人士聚集一堂。安徒生正聚精会神听一位音乐家的议论。忽然，一位个子不高，表情丰富生动的人一边和周围的人打着手势问候、寒暄，一边径直朝自己走来。

"我听说你是丹麦人，"他说，"我是德国人，丹麦与德国是近邻，让我们握握手吧！"

"请问尊姓大名？"安徒生说。

"亨利希·海涅。"他说。

这人就是德意志的大诗人海涅，这真使安徒生惊喜万分！认识海涅，使他这一次旅行增添了不少光彩。

拥有世界诗王荣衔的诗人海涅，很热烈地和安徒生握手。安徒生的眼眶不由得湿润起来。

他很感动地回答：

"我和先生见面，真有点惶恐。不过，见了您一面，我这次到巴黎来，可算不虚此行了。"

"是吗？"海涅笑着说，"为什么不早来找我呢？"

"我不敢，"安徒生回答说，"像我这么一个完全不为您所知道的丹麦诗人突然来求见您，您会感到太荒谬了。正因为我深深地尊重您，要是您见到我时嘲笑我，我的感情会受到很大的伤害，所以我宁肯失去见您的机会。"

海涅的态度很友好，两人一见如故。从此，他们两人成了好朋友。

当时，住在巴黎的丹麦人，都生活在一起。

看戏的时候，大家一起去，吃饭的时候，大家也聚在一起。收到信件的时候，也是大家围着一起看。

他们的生活，充满着丹麦的情调。安徒生刚到的时候，也和同乡们一起生活，可是，好不容易才来到巴黎，老这样下去的话，一定体验不到当地的生活情形。于是，他就到侏罗山脉的一个小市镇，找他

的一个开钟表店的朋友。

那个朋友非常热情地接待他。朋友的孩子们也跟他相处得很好，常常要安徒生讲故事：

"丹麦来的叔叔，请你讲几个故事给我们听，好吗？"

安徒生就把从前听父亲讲过的《天方夜谭》，用法语讲给孩子们听。

常常这样讲故事，他的法国话就进步得很快，慢慢地讲得也很通顺了。

这是一个高原上的市镇，空气特别好，环境也很幽静。溪谷的边上，有一幢白色的小屋子。小屋旁有一部水车，在那里咕噜咕噜地转动着。泉水透过山岩的间隙，从地下不断喷涌出来。

"这些无法计数的水晶球，正不断地滚出来！"安徒生常常凝望这泉水冥想着。这景象对于一向住在平原地带的安徒生来说，有一种想象不到的美和神秘。从山岩间滴下来的泉水，不就是诗的世界吗？

安徒生的美感，就在这高原的小镇上，如涌泉般地活跃起来。

他一面侧耳倾听水车的声音，一面读着他刚完成的诗稿，读到最后，连他自己的心头也战栗起来，他想：

"这首诗，丹麦的批评家们又将怎样批评呢？"

正因为有好些人对安徒生抱着很大的期望，所以使他心理负担极大。

这篇作品取材于丹麦民谣，并不像他过去所写的抒情诗，而是一首叙事诗，作品的内容意义深刻，而且描写得很生动。

当安徒生把诗稿包起来时，他的双手一个劲儿打战。包好以后，他在包裹外面写好收件人考林的姓名，就寄往哥本哈根。

"现在，这篇稿子已完成了，我可以开始计划我的第二个旅程。"于是，安徒生打算越过以高原与湖泊出名的瑞士，一直往南欧的意大利去。

"辛普伦峡谷的天气很冷。"

钟表店的老板娘，为他编了一条毛线围巾御寒。这一天，安徒生要离开巴黎去意大利了。

海涅亲自到码头送行。他真诚地说："祝您一路顺风！我非常希望您经常给我写信，告诉我您的见闻。为了我能看懂，就请用德语写吧！"安徒生激动地点着头，让海涅在自己随身携带的旅行手册上写下临别赠言。

轮船上的汽笛响了，安徒生和海涅互相挥手告别。码头已远远消失在苍茫的云雾中了。这时，安徒生不禁想起海涅的诗："海，海，那永恒的海原！"

就这样，安徒生离开了巴黎。

1833年9月6日，安徒生到达了意大利。意大利的蓝天和绿水就展现在他眼前了。

"终于踏上南欧的土地了。"安徒生觉得胸襟更加开阔。

在旅行中，安徒生结识了许多新朋友，渐渐地，种种不愉快的往事被抛在脑后了。现在安徒生准备去罗马。

就在这时，他收到了一封国内的来信，那上面是对他一部作品的批评文字，在丹麦的批评家眼中，作品一无是处，毫无价值。而且他们还针对作者进行不留情面的人身攻击。看得出，这些出身名门又极有教养的"评论家"极端鄙视安徒生。安徒生在他们眼中，竟还不如一个孩子。安徒生读完这封信以后，就伤心地把它撕得粉碎。

后来安徒生说："它对我来说是一尊美丽的塑像，但只供我和上帝欣赏。"他以这部作品结束了他的诗人生活。

然而，不久，更大的不幸又降临到安徒生身上。这天，安徒生收到考林寄来的一封信，安徒生兴奋异常，谁知一打开信，安徒生就伤心地哭了。

原来，妈妈去世了。

"亲爱的妈妈呀，请您原谅我，在您最痛苦的时候，您唯一的儿子没能在您身旁守候……"想到这里，妈妈那红肿的双手，疲惫的身影不断浮现在安徒生眼前。他不禁想起小时候妈妈带他一起用花枝占卜命运的情景："安徒生，你快来看呀，这个小枝条有多长，妈妈大概能活一百岁呢！"言犹在耳，妈妈却已经撒手人世了。

现在，这个世界上已经没有和安徒生有血缘关系的人了。

安徒生难过极了，他忍不住大哭了一场！

这时，他收到一封朋友的来

※1833年，安徒生终于来到了意大利，踏上了南欧的土地

世界童话之父——安徒生

信，信中这样劝道：

你在国外接到你母亲去世的消息，一定非常难过。不过，你得明白，你的母亲是在上帝的接引下，走进灵魂的故乡，到那更好的世界去了。我相信，你母亲生活在这个世界上的时候，上帝不曾多给予她一些温暖与宠爱，这只要看你母亲的那张饱经忧患的脸庞，就知道了。

听了这些安慰的话语，安徒生的心里才稍稍好过了一些。他强打起精神，开始了神往已久的罗马之行。

跟着，安徒生又接到一个消息，说在《世界通讯》这本书中，把他骂得体无完肤的亨利克·赫茨，不久就要到罗马来。

一想到哥本哈根的敌人要来，安徒生心里就一直惴惴不安。

有一天，安徒生正在一家咖啡馆里独自喝咖啡。

"安徒生！"有人大喊他的名字。他拼命地揉揉眼睛：一个又瘦又矮的戴眼镜的男子向他走来，他微笑着，伸出双手。是亨利克·赫茨！

异国遇同乡，别有一番滋味，谁还会为往日的不快耿耿于怀呢？

安徒生终于握住了赫茨的手。

"噢，不要难过，你妈妈会在天堂中得以永生的。"赫茨发现安徒生很忧伤，就连忙这样安慰他。

"你作品中风景描写的功底，真是令我自叹不如。"安徒生没想到赫茨竟然会这么赞赏他，"在你对大自然的描写之中，特别显露了你的幽默。至于其他的作品，我相信那一定是对你的一个安慰，那就是：几乎所有的真正的诗人都经历

知识链接

罗 马

罗马为意大利首都，也是国家政治、经济、文化和交通中心，世界著名的历史文化名城，古罗马帝国的发祥地，因建城历史悠久而被称为"永恒之城"。其位于意大利半岛中西部，台伯河下游平原地的七座小山丘上，市中心面积有1200多平方千米。罗马是全世界天主教会的中心，有700多座教堂与修道院，7所天主教大学，市内的梵蒂冈是天主教教宗和教廷的驻地。罗马与佛罗伦萨同为意大利文艺复兴中心，现今仍保存有相当丰富的文艺复兴与巴洛克风貌。1980年，罗马的历史城区被列为世界文化遗产。

过和你同样的危机，在暂时的苦难之后，你会开始意识到什么是艺术领域的真理。"

这发自内心的话，表达出一种多么亲切的同胞情谊啊！过去他们是仇敌，现在成了亲密的朋友。

对于那篇《亚哥纳德与人鱼》，赫茨并没有完全改变他的意见。不过，他认为：安徒生开始写叙事诗，绝不是一个不好的倾向。而且，可能会出人意料地发挥他的才能呢。

有一天，安徒生衔着烟斗，在罗马街头散步的时候，有一个人跟他擦身而过，回头过来向他打招呼：

"嗨，我们曾在什么地方见过面吧？"

"哎呀，是杜鲁华逊先生呀！"安徒生兴奋得大叫起来，杜鲁华逊先生是丹麦的大雕塑家。

这位63岁的老翁鹤发童颜，精神矍铄，侨居意大利已经多年了。杜鲁华逊是丹麦的大雕塑家，可是，他经常住在罗马，做他的雕塑工作。哥本哈根为了崇敬他，特地设立一所杜鲁华逊美术馆。他是艺术界的大人物呢。以前，杜鲁华逊回到丹麦的时候，安徒生曾在哥本哈根和他见过一面，现在，因为时间隔得太久，所以一时没认出来。

※安徒生纪念章

安徒生一说出他的姓名，杜鲁华逊就开心地说：

"果真没有记错！安徒生先生，我早就想听听你的朗诵呢，今天无论如何，要烦你朗诵一次让我们一饱耳福。"他很亲热地这样要求。这是多么偶然的相遇啊。

安徒生非常高兴。当天就到杜鲁华逊的家里去，朗诵诗集《亚哥纳德与人鱼》给他听。杜鲁华逊赞叹道：

"简直像散步在故乡的森林，倾听着潺潺的河水声呀——这就是你的诗造成的情境。"

接着，他又补充了几句："说句老实话，哥本哈根的艺术家们，应该打开胸襟，静静地看清楚艺术的真正价值才行呢！即使是我自己如果处于那样恶劣的环境中的话，也不会有什么成就的。好在我是在

世界童话之父——安徒生

罗马,不用和他们打交道,这是我的幸运哪!我自己,过去曾经遭受到多少次打击,记也记不清了。你要振作起精神来,好好地写些杰出的作品!"他真心诚意地鼓励安徒生。

安徒生滔滔不绝地向这位老翁诉说自己的出身、经历、苦闷以及对艺术不懈的追求,老人感动极了,不时点着头,眼中闪着激动的泪花。

安徒生的经历与自己多么相似啊!安徒生的真诚坦率,对艺术的热爱以及坎坷的创作道路使老雕塑家看到了年轻时候的自己,头发花白的老人不禁回忆起自己的童年时代:

"那时候,父亲在造船厂工作,每天中午都不回来,家里很穷,父亲早晨天不亮便出门,家里根本没有早饭可吃,直到中午,妈妈才将米缸里仅有的一点儿米做成米饭,然后小心翼翼地将它们包进一块洗得干干净净的旧手帕里,让我给父亲送去,我穿着大我半只脚的木头鞋走在路上特别地小心,生怕被鞋绊一跤,我手中小小的米饭包会飞出去。那可是我父亲一天的饭食啊!而我回家后,只能跟妈妈一起喝稀得不能再稀的米汤!"

"父亲在那儿是做木雕的,我常常坐在他旁边看他雕刻。自己也不知不觉地迷上了雕刻这门艺术。正因为对它的痴迷,才使我经历这么多风风雨雨,还没有败下阵来……"

雕塑家环顾了一下自己的工作室,接着又说:

"你看,这不是吗?我在这里也有了一间像样的工作室,运进来的也许只是普普通通的大理石块,可它被运出去时,就已成了全欧洲公认的艺术珍品!这可不是一朝一夕就能练就的功夫啊!所以,重要的是不要灰心,更不能半途而废!"

杜鲁华逊的支持、鼓舞,给安徒生以极大的慰藉。在坎坷的人生旅途中,这样的朋友多么可贵啊!老人的谆谆教诲,将永远铭记在安徒生的心中。

※根据安徒生童话中的主人公所塑造的美人鱼塑像已成为丹麦的标志

动人的故事——《即兴诗人》

在安徒生看来,天朗气清的意大利,是人间的乐园。

他在罗马度过了复活节,从莎勒罗奴搭上船,到卡布利岛去。海水是那么清澈,连海底的小石子也看得清清楚楚。

这是两千年前古代的推比流斯王曾经在这儿享受过穷奢极侈的生活的一个岛。橄榄林笼罩着整个山丘,到处充满了芬芳的橄榄花香。

在那险峻的断崖下面,望得见一个个深深的洞穴。

一个抚弄着雪白银发的老船长,站在旁边向安徒生说明:

"那些洞穴里面藏着不少黄金与钻石,要是一不留神闯进洞穴里,就会被妖魔抓住,再也休想出来!"

这些话在安徒生听来就像神话一样。

到比斯托姆参观希腊神殿的时候,安徒生的身体和精神,好像全都融化到那个梦境里去了。

除了两千年前留下来的古代神殿以外,在那广场上,再也看不出半点古代都城的痕迹。

可是,安徒生却能从石柱下的一丛蓟花上.想象出这地方两千年前的绮丽风光。就像身上长出一对翅膀来似的,幻想在安徒生的脑海中奔腾活跃。

世界童话之父——安徒生

他步上神殿的台阶，爬上殿堂时，在一株野生的无花果树下，发现一个向人行乞的少女！

安徒生立刻清醒过来，他想："这少女多么可怜！可是，她的脸蛋儿多么美丽呀！"

少女的身上，只穿着一件拖到膝盖的破旧衣服，乌黑的头发上，却插着两三朵娇艳的紫罗兰，显得非常高雅。

安徒生把手伸进口袋里，抓了一点钱，可是，当他想把钱扔过去时，不禁大吃一惊！

这少女虽然长着两只眼睛，却是个瞎子！

她瞪着那一双看不见东西的眼睛，凝望着天空。看过去，好似一座有生命的塑像，就像获得了自然的启示的一个美女。

"这少女，一定是神殿上的女神。"他不由得这么想。

广场上，到处飘荡着紫罗兰的香味。

两千年前的梦，已和现实重叠交映，安徒生陷入迷离恍惚的世界中，浑然忘了一切。

那些美丽的故事，不断地在安徒生的脑海中浮现出来。

他一回到罗马，马上提起笔来这样写着：

"曾经在罗马生活过的人，总该知道维亚柴·华卢比利伊的。这是当街矗立的一座手拿着贝壳的屈立顿神像，神像旁还有美丽的喷泉。泉水从贝壳中喷出来，高达数尺。即使没有到过罗马的人，也可以从铜版画中，想象出这条大街景物的美丽。"

他又产生了另一个奇想。这个奇想就是一个好的作品。

他新作品的主人翁，是一个名字叫作安东尼奥的贫苦孩子。安徒生描写这孩子在贫困的环境中，逐渐开拓出新生命的经过。

安东尼奥吟唱着他的即兴诗，

知识链接

紫罗兰

紫罗兰又名草桂花，原产欧洲南部，此花喜冷凉的气候，忌燥热。喜通风良好的环境，冬季喜温和气候，但也能耐短暂的-5℃的低温。花芽分化的适宜温度为15℃，对土壤要求不严，但在排水良好、中性偏碱的土壤中生长较好，忌酸性土壤。紫罗兰耐寒不耐阴，怕渍水，适生于位置较高，接触阳光，通风、排水良好的环境中。

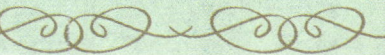

踏上彷徨的旅途。不久，他就到达了比斯托姆。

写到这里，那个跪在神殿台阶边的盲女，出现在他的眼前。

安徒生放下笔，倚在窗边，凝望着天空。

"那时候，我怎么没有把钱扔给她呢？"安徒生念念不忘那个少女，他给那少女起名罗娜，说给作品中的主人翁安东尼奥听。

"喂，安东尼奥，你应该救救罗娜呀。"

安徒生不禁叹了一口气。

"安徒生啊！你不是在欺骗自己吗？"

他这样责问自己。

"不，我并没有欺骗自己，我是一个人，怎么忍心舍弃她？"

另外一个安徒生这样回答。于是，安东尼奥就把钱扔了过去。

这个安东尼奥，不必说，就是安徒生本人的写照。

安徒生继续铺展他的故事，使罗娜的眼睛重见光明，变成故事中富翁的女儿玛利亚。最后，她终于和安东尼奥结了婚。

以意大利为背景的动人故事《即兴诗人》，就是这样写成的。

故事中的第二女主角安诺佳泰尔，像天使那样美丽，是以安徒生在奥登赛剧场见过的一个少女作为描写对象的。

这部作品的每一页，都充满着回忆的感伤气氛。

故事在罗马开始动笔，回到丹麦以后，安徒生就在诗人殷盖曼介绍的一间四周围绕着菩提树的屋子里，继续写下去。在这里完成了第一部，第二部在哥本哈根完成。

这是一部篇幅很长的文学作品，也是一部情节复杂的小说。不必说，安徒生花在这部作品上的精力以及期望，是多么的大。

批评家将给这本书什么样的批评，安徒生大致也推想到了。同时，他还担心出版商方面，是否肯出版篇幅这样长的作品。

安徒生来到曾多次打过交道的莱采里书店，恳求店主出版他的新作，店主犹豫再三，才勉强答应下来。"不过，得有个前提条件，那就是书出版之前，你必须给我介绍100个订户。"尽管条件很苛刻，安徒生还是咬着牙答应了下来。

出版商要求这本书有100个订户才能出版，但结果只征得80个订户。当时安徒生的诗剧正遭到一些人的恶意攻击，社会上又流传着安徒生"才华已经枯竭"的流言蜚语。在这种情况下，80个订户已经不算少了。出版商认为这本书写得不错，便决定冒一下险。

出版前，出版商们并不看好这本书，谁知，意想不到的事情出现了。

书装订好，一摆出去，马上就卖光了！

"这本书好极了！字里行间充满着南国的芬芳气息，读起来简直像踏入梦境一般。"

这是出版以后大家的评价。紧接着再版、三版，都是一出版就卖光了。

安徒生由于过度激动，终于哭了出来！

他把全部的感谢，呈献给他的再生父亲考林及其全家：

"谨把这部尽了最大努力的作品，献给考林先生全家——我的父亲考林先生、母亲考林夫人和对我如亲兄弟般，使我终生难忘的少爷小姐们。"

而且，向来和他敌对的诗人哈乌克，这时候，也向安徒生提出了愿意和他言归于好的请求：

"潜藏在你灵魂深处的诗才，已经无限制地发挥出来了，我在《即兴诗人》这本书中，很清楚地看到。"

不久，这本书便被译成德意志文，后来又被译为瑞典文，并且得到了各方的好评。

俄国、荷兰、美洲各地，不久也都有译本问世了。这部《即兴诗人》成了世界名著。

安徒生靠着这本《即兴诗人》，在故国丹麦的文坛上，奠定了一个坚实的立脚点。

❄ 美丽的丹麦

夜空如同白昼

1840年10月，安徒生动身到意大利去旅行。

到了荷斯丁的时候，他受到了首相蓝才和·白拉汀布的招待。接着，经过纽伦堡到达慕尼黑。最后到达了意大利。

这时，已是冬季。他在圣诞节前，赶到了罗马。

自古以来，罗马就有一个奇妙的传说：旅行的人，离开罗马的时候，如果到屈立顿喷泉，用手捧点泉水来喝的话，以后一定会再到罗马来的。

安徒生上次到罗马来，将要离开的时候，便关心起这个传说。

"罗马这个地方应该多来几次，好多多接触这些了不起的艺术。"因此，他很想去喝喝那泉水。

可是，在离开罗马的前一夜，刚巧发生了一点小麻烦，喝泉水的事就没能实现。安徒生认为很遗憾，当天晚上，简直连觉也没睡好。第二天早晨，就雇了个工人，帮他挑行李，一起动身了。谁知道，在路上，却意外地从这喷泉前经过。安徒生高兴地走过去，伸出双手，捧了些水喝下去。

果然，安徒生又再度到罗马来访问了。

这次他停留在罗马时，却遭到了一场意外之灾。当时，他老觉得心绪不宁，空气中似乎荡漾着

世界童话之父——安徒生

一种古怪的气味。

他正感觉奇怪的时候,突然发生大地震,台伯河的河水泛滥成灾。跟着,热病流行起来,不少市民因此病死了。

真是祸不单行。哥本哈根来信告诉他,他编的剧本,因为指定的演员没有参加演出,卖座的情形非常不好,只得中途辍演。

安徒生终于害起病来。

刚到罗马的丹麦诗人荷尔斯德,看到这情形很不放心,便决定和安徒生一起到那不勒斯去。

"安徒生先生,你还是提早结束罗马的旅行,到那不勒斯去疗养吧。"

安徒生接受了荷尔斯德的劝告,决定到那不勒斯去:"想不到要这样麻烦你。就请你陪我一起去吧。"

那时是早春三月,那不勒斯的天气还很冷,山上到处看得见积雪。

安徒生这场病,是有生以来的第一次大病,而且,还是在旅途中。

"阿拉伯的月亮和太阳,恐怕看不成了吧?"安徒生认为最可惜的是不能到阿拉伯去。

"照射在太古废墟上的太阳,还有,傍晚时上升的月亮和星……"这是安徒生这次旅行最渴望看到的景致,现在,恐怕要成泡影了。

后来,幸亏旅店老板请医生来清除他体内的毒血,总算恢复了健康。不久,他就搭上法国军舰"到列渥尼达斯号",从那不勒斯出发,前往希腊。

荷尔斯德一直送他到船上,并且祝福他旅途愉快!岸上的人们也一起向船上的旅客祝福。

安徒生觉得岸上人们送别祝福的话,是对他一个人说的,觉得很愉快。同时,他又想起自己居然能够到希腊去,心中的愉悦更是无法形容。

希腊的天空和瑞士相似,比意大利的天空还要高,而且晴朗。

安徒生把行李安顿好,马上出去,爬上山去看了看,又到河边徘徊一下。连路边的一块石头,他也寄以遐想。在他看来,每一样东西,好像都在向他诉说它们伟大的过去。

这里的种种景物,和当年在比斯托姆神殿遇到那盲女时所看到的绮丽景色不同——这里另有一种悲壮的美。

种种幻想又在安徒生的脑海中奔腾起来,那股洪流,一下子就汹涌澎湃起来,即使只记下其中一个巨漩，也没有那么多的纸好写。

"是的，只要是神圣的，尽管一时败退，到后来还是站得起来。失败又再站起来以后，那种胜利的欢欣，就会一直继续到了几个世纪。"

安徒生在希腊的大自然中缅怀历史，不免这样深深沉思。

他在雅典停留了一个月，又搭船到斯密尔那。斯密尔那是爱琴海沿岸的一个小港。

"我总算跨出欧洲的土地了。"安徒生的心，像一根拉紧的弦，在临风鸣奏。

安徒生停留在君士坦丁堡时，刚巧碰上了穆罕默德的诞辰。

在这佳节，当然不能安安静静地在旅馆里休息。他跑到街上，只见到处都是化装游行的行列。出来看热闹的人，真是人山人海！

他们都是东方装束，头上裹着一条头巾，身上披着红的、黄的各和鲜艳的布，男男女女都是一脸的兴奋和愉悦。

夜空被火把照耀得如同白昼，连高耸在半空的塔尖，也看得很清楚。

安徒生这时好像置身在《天方夜谭》的故事中，快乐的情绪，几乎到达顶点。

10个月后，也就是1841年8月，安徒生从黑海上溯多瑙河，回到哥本哈根时，就把这次旅行的回忆，以《一个诗人的市场》为题发表。

在这书的《斯密尔那的月亮》一文中，有这样一段：

"在斯密尔那，当新月上升之际，我看到了一个圆圆月亮的黑圈。"

原来，在清澈的天空中，他的确看到了月亮周围的黑圈。

可是，哥本哈根的评论家们，就拿这一点批评安徒生：

"安徒生的空想竟到了这步田地——这无非是他的夸张和胡说八道！"

有一次，他写了一篇《月明之夜的彩虹》，也遭到一场谩骂。可是，安徒生的确清清楚楚地看到了月亮外面的黑圈，也看到了月明之夜的彩虹。

旅行和自然以及历史的美打成了一片，在安徒生的诗歌中，开放出无可比拟的浪漫花朵。

※ 多瑙河及沿岸风光

世界童话之父——安徒生

花儿还会跳舞吗

1835年,一个相当偶然的机会,使安徒生踏入了童话这个神奇的王国。

在诗人蒂勒家里,六岁的女儿小意达用小手托着粉红的脸蛋,含着泪,凝视着一束已经凋谢的花儿。安徒生走了进来。"我的可怜的花儿真的死了吗?"小意达闪着泪汪汪的眼睛望着安徒生。安徒生弯下身子,伸出大手,把小意达抱在沙发上。他轻轻地擦去小意达的泪珠儿,又望着那束凋谢的花儿,讲起了故事。

"花儿昨天夜里参加了一个盛大的舞会,所以今天把头垂下来了。花儿太累了。"

"花儿还会跳舞吗?"

"会的,花儿会变为少妇,她们在舞会上彼此交谈。"

小意达笑了,粉红的小嘴露出洁白的牙齿。

花儿还会交谈吗?她们怎样说话呀?小意达简直听得入迷了:这一切多奇妙啊,这位叔叔讲得这么认真,想必这都是真的吧。

他把这些写成童话《小意达的花儿》念给孩子们听,他们总是百听不厌。他的童话故事,就是这样先口头讲述,然后再写成作品,保留口头讲述的语气,通俗易懂,朗朗上口。

安徒生的童话使他和孩子们结下了不解之缘,

知识链接

《小意达的花儿》

那是透过一个纯真无邪的小孩子的眼睛，为美丽的花儿作的小传。每每读去，都会会心地微笑——多么美妙啊，那些花儿，都是有灵魂的，她们不惜身体，对美的追求达到了至高至上的境界，一直跳舞跳到奄奄一息，却一点儿也不悲伤，她们不惧怕死亡，对生活充满希望，"到明年的夏天，我们就又可以醒转过来，长得更美丽了。"多么朴实天真的话语，却带给人无限的想象。

他成了孩子们崇拜的人物。

小孩子们都喜欢这位会讲故事的大个子叔叔。连上了年纪的夫人也爱听安徒生的故事。

天长日久，安徒生给孩子们讲的故事越来越多，终于在1835年5月，《即兴诗人》出版不久，安徒生出版了第一部童话集。

他的第一部童话集里面就有《小意达的花儿》这篇童话，另外还有《打火匣》《小克劳斯和大克劳斯》《豌豆上的公主》几篇童话。

遗憾的是，第一本童话集的出版，并没有产生多少社会反响。

哥本哈根评论界的知名人士对它们不屑一顾，关于他的童话集，《每月评论》连一句话都不提，就像出版界压根儿不存在这么回事似的。连安徒生的好朋友爱德华·考林都不理解地批评他说："您过早地返老还童了，糊涂起来了，安徒生！"很多人买他的童话，也只是把它们看作睡觉前念给孩子们听一听的书而已，认为它们远不如他的长篇小说《即兴诗人》价值大。只有大诗人欧伦施莱厄持有不同的观点，他这样评价安徒生的童话：

"安徒生写的童话，到处闪烁着光芒，作品中包含的诗情画意，实在使人惊服。他自己创作的童话，反而比记述那些古老的传说更成功。"他还对安徒生说过："您瞧着吧，《即兴诗人》会使您闻名遐迩，而您的童话则将使您永垂不朽！"

安徒生这时很矛盾，刚刚展开的童话王国还未去探险，就遭到了许多非议，还要不要继续创作童话呢？

但是，一看到孩子们听童话时甜甜的微笑，聚精会神的样子，安徒生又恢复了信心，他对自己说：

"孩子们需要无穷无尽的故

世界童话之父——安徒生

事，就像稚嫩的小苗需要雨露、阳光一样。要为那些穷苦孩子写些美丽的东西，富有现实意义的东西，使他们凄凉的生活有一点温暖，同时通过这些来教育他们，使他们热爱生活，热爱美和真理。孩子是未来的一代，我要争取未来的一代。每年都要献给孩子一部好童话。"

雕塑家多瓦尔对于安徒生的童话创作，也给予不少帮助。他常常鼓励安徒生：

"可以写些给我们上了年纪的人看的童话吗？"

安徒生就闭起眼睛，为杜鲁华逊朗诵他新写成的童话。杜鲁华逊也会横躺在沙发椅里，静静地听他朗诵。

有一次，杜鲁华逊拍拍安徒生的肩膀，对他说：

"你的童话中含有真理，这样的作品，绝不只是为了迎合孩子们的口味而写出来骗骗孩子就算了的。童话虽然是给孩子们看的，但不只是适合孩子们看而已。童话，也有一种和诗或小说同样的……不，在诗和小说中都写不出来的高贵的素质。"

讲到这里，读者们也许会问："真正的童话是什么呢？"

简单一句话：童话既不是诗，也不能算作戏剧、小说，而应被视为一种故事、传说。后来经过一段很长的时间，才有了"童话"这个名词。世界著名的《格林童话》，是格林兄弟把德意志的古老传说和民间故事，以童话的叙述方式改写而成的。

安徒生也是在这个时候，开始写童话的。

他写童话所费的苦心，实在太大了，往往写到中途，写不下去，就对着桌子一直发愣到天亮，甚至还哭了起来。这种情形，不知有过多少次。

这么精心构思出来的童话，是多么有趣呀！

终于，在苦思冥想了几个月之后，在1835年底，安徒生又出版了第二部童话集。

听从了杜鲁华逊的建议，安徒生在第二本童话集的前言上郑重地写道："致成年读者。"

他兴奋地对朋友说："在一个小国家里，诗人永远是一个不得安宁的人，因此，他不得不为追逐名誉这只金翅鸟而奋斗。"说完，又伸开双臂，发号召似地高叫："读者请看看，我讲述的这些童话，是否把金翅鸟给逮住了。"现在，安徒生不仅要用童话来征服孩子，还要用童话来征服成年读者。

永恒的艺术

不久，安徒生写的第二本、第三本童话，却引起了意外的反应。

文学界也开始评论起来：

"安徒生的才能，不论在诗还是小说中，都没有像在他的童话中发挥得那样淋漓尽致。"

在第三本童话集里，还收录了他的第一篇长篇童话《人鱼公主》。第二集、第三集的销路和第一集一样，一下子就发行了三版。

大家这样喜爱他的童话，连他自己也感到惊异。稿酬的收入越来越多，而且数目相当可观。

"是的，好久没有出门旅行了，还是到德意志和法国去走一趟吧。一定可以使我的童话世界更加宽广。"

1843年1月底，安徒生又从哥本哈根出发，到国外旅行。

当他经过比利时、进入法国的时候，已经是春天了。田野间长出碧绿的嫩叶，温暖的阳光，好像是在热烈地欢迎他。

到了巴黎，安徒生就在国民图书馆对面的一家旅店住下。

维克多·雨果、亚历山大·仲马

知识链接

大仲马

亚历山大·仲马，称大仲马，法国19世纪浪漫主义作家。大仲马各种著作达300卷之多，主要为小说和剧作。大仲马信守共和政见，反对君主专政。2002年，大仲马去世132年后终于移入了法国先贤祠。

代表作有《三个火枪手》（旧译《三剑客》）《基督山伯爵》等。

（大仲马）、巴尔扎克、海涅等那些大文豪，听说安徒生来到法国，都前来欢迎他。

他在丹麦被骂得不值半文钱的作品，在这里却得到深深地赞赏。而且，他还被推崇为19世纪的大文学家。

"这是多么崇高的礼遇，我担当得起吗？我真的写出了那样伟大的作品吗？"他回过头来反省了一下，脸上就火辣辣地燥热起来，感觉很不好意思。

事实上，在《即兴诗人》以后，连续不断发表了那么多童话，已使安徒生博得了国际性的声誉。

"难道我自己早就成了天鹅吗？"

他很想看看从水面映现出来的自己的形貌。

安徒生把当时的想法，写了下来：

"祖国的人们也许要问我：'安徒生难道一次也没有受到国外人士不好的批评吗？'

可是，我不能不清清楚楚地答复：一次也没有。我从没有受到攻击；同时，也没有人告诉过我，说国外有人在攻击我。所以，我就可以直截了当地回答：我还没有遭遇到这一类的批评。当我现在谈到这件事情的时候，我的情绪和往年跟贫困、屈辱、烦恼挣扎的时候完全一样。如果因为我在谈我自己的声誉，就说我是一个态度傲慢、虚荣心强的人，那并不一定恰当。"

从这番话，我们可猜想，美丽的天鹅，是永远忘不了丑小鸭时代所遭遇的苦恼的。

不过，最后，他还是能以天鹅的身份，和那些伟大的天鹅，在文艺的湖水中一起嬉戏。当他访问因撰写《基督山伯爵》《三剑客》出了名的大仲马的时候，大仲马充分流露出文豪不羁的性格，横躺在床上，手里拿着笔，像老朋友一样欢迎他：

"喔唷，你就是安徒生先生吗？我早在这里等你呢！请你在椅子上坐一会儿好不好？"

安徒生就坐在那里，笑眯眯地抽着烟斗等着。写作告了一个段落的大仲马，从床上跳下来说：

"哈，幸亏你肯等我，总算把第三幕结束了。"

说着，就跟安徒生紧紧地握手。

有一回，两人在街上到处漫步的时候，碰到了一个青年向他们打招呼。大仲马把青年介绍给安徒生：

"来，安徒生先生，我给你介绍一下，这是我的小孩。"

大仲马的儿子微笑着和安徒生

行握手礼。这就是后来写出那本著名的《茶花女》的小仲马。

此外，那个以《悲惨世界》出名的浪漫派大作家雨果，也曾很亲热地招待安徒生。

就是和丹麦大诗人欧伦施莱厄也没有什么来往的雨果，竟会那样地招待他，使安徒生不由得感激万分。安徒生和巴尔扎克，也在一个伯爵夫人的沙龙里见了面。

巴尔扎克和安徒生一样，从少年时代就尝遍了生活上的酸甜苦辣，是个历尽沧桑、干过各种职业的人。

他擅长写实，注重细微部分的描写，发表的小说集有《人间喜剧》。他和浪漫派的安徒生在写作方面，多少有点距离。可是，当他们两个人见面的时候，他紧紧地握着安徒生的手，这样表示：

"我早就想和你见见面，没想到在这里见到你，真是幸会！"

接着又说："我实在非常欣赏你写的童话。在法国和德意志，还没有人能够写出像你这种高水准作品来哩！"

在沙龙里，安徒生也遇见了海涅，他们这回是第二次见面。上次分别以后，海涅就结婚了。

看上去，海涅虽然是瘦了一点，不过，精力似乎仍旧很充沛。

他和海涅彼此了解很深，一点隔阂也没有。所有安徒生的童话，海涅几乎全部读过。

海涅的太太走进房里时，海涅就从书架上拿起童话集，朗诵那篇《镇定的锡兵》，对他太太说：

"写这篇童话的，就是这位安徒生先生。"

安徒生住在巴黎，感觉自己已变成一个大作家。

"大家这样对待我，就是对我未来的工作，付出了一笔定金。我不能忘记，更不能辜负了他们的期望。"安徒生这样鼓励着自己。

第二年，当他访问德国时，他在海外的活动达到了最高潮。他一到伟曼尔，就有皇家的马车到旅馆迎接他。车上还坐着传记作家爱克尔和老宰相弥勒尔两个人。原来，莎克逊大公和大公夫人要邀他一起进餐。安徒生坐在马车上，欣赏着那著名的朱林甘森林和耸立在山坡上的爱脱斯堡。

这时，有关这古城的传说，在他的脑海里起伏。当他正思索得出神时，马车突然停下来。一个风度潇洒、面目清秀的青年，在树荫下招呼马车停下来。

"你们把安徒生先生接来了吗？"

那个青年这样问老宰相。

世界童话之父——安徒生

"是的，这位就是安徒生先生。"

老宰相一说，那青年就从树荫下走过来，亲热地和安徒生握手。

"等会儿我们再谈吧。"青年这样一说，马车又继续前进。

"刚才那一位，是什么人？"安徒生问宰相。

"他是太子卡鲁尔·亚历山大。"宰相回答道，安徒生听了非常惊喜。

到达皇宫，安徒生又和卡鲁尔，还有他的父亲亚历山大大公和大公夫人都见了面。卡鲁尔夫妇招待安待生吃完晚饭以后，就带他到爱脱斯堡村去。

村里人一听说安徒生来了，都聚集在开满了鲜花的菩提树下，一面拉着小提琴，一面兴高采烈地跳舞来欢迎他们。

太子指着旁边一棵大树，对安徒生说：

"我相信，几十年或几百年后，你的名字一定会刻在这棵大树上的。"

原来，在那棵大树上刻有歌德、雪莱、威兰德三个大文豪的姓名。安徒生听了十分感动，心想："这正是所谓的'名垂千古'！可是，我要到什么时候，才能够和歌德、雪莱等文豪的名字，并排在一起呢？"

回到丹麦以后，安徒生就全心全意地写童话，不久，又出版了一本童话集。他觉得只有尽力工作，才能报答朋友们善意的鼓励。

文艺界对他作品的评价，果然越来越高。不管是哪一位评论家，都认为安徒生的童话很有价值。

"看这情形，我的名字享誉文坛已经确定了。尽管过去曾经受尽折磨，但现在已获得报酬了。"安徒生在他的自传中这样写着。

"今年的圣诞节就在眼前，我一定要多写一点有趣的童话，送给孩子们过节。"安徒生又出版了一本内容丰富、风格清新的童话集，刚好赶上圣诞节。

后来，孩子们在圣诞节的时候，最盼望得到的礼物，就是一本安徒生新出版的童话集。特别是在雪下得特别多的北国丹麦，每到圣诞节前后，孩子们围在炉边，读着有趣的安徒生童话，一直到深夜，这是他们最感兴趣的一件大事。

皇家剧场也开始把《镇定的锡兵》《养猪的人》《陀螺和皮球》等童话，搬上了舞台。